陳品秀 ——— 譯

沃爾特・李維 著
WALTER LEVY

一起野餐吧！
★ THE PICNIC : A HISTORY ★

══ 關於野餐的隨性守則 ══

1. 有空閒時間才能去野餐，無論是計畫性的輕鬆一下或是一段即興的空檔都可以。

2. 野餐的地點通常會避開住家（或城鎮），鄉間、海邊、公園或森林等是經典的野餐目的地。大部分的野餐者都驅車前往，而少有徒步抵達的。

3. 準備工作通常大家各司所長：有的人準備食物和打包裝籃；其他人則負責交通運輸工作。

4. 常言道「鄉間的一天」（a day in the country）——這句話隱涵著野餐者偏好的野餐地點，他們心目中最理想的地點就是：小溪邊綠蔭下的青草地。

5. 野餐者喜歡坐在鋪有毯子或布料的地上，有時還備有靠墊，但鮮少設置桌椅。

6. 野餐者在用餐前可以去溜達遊玩，亦或來場小冒險。當然也可以選擇先做愛。

7. 食物通常是預先準備好的，現做當然也行。不過最重要的特色是所有的食物一次全都擺上。

8. 用餐規矩從非正式到正式都有；有人喜歡用完即丟的免洗餐具，也有人偏愛陶瓷器、銀餐具和水晶高腳杯。

9. 最好得在二十四小時內回到家。

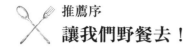

讓我們野餐去！

野外露營玩耍達人｜葉慶元律師

　　沃爾特·李維的《一起野餐吧！》是一本非常有意思的小品，如果沒有閱讀這本書，讀者可能不會曉得，原來「野餐」（pique-nique / picnic）的歷史可以追溯到五百年前，而且原本是指類似「一家一菜」的「室內宴會」，只是舉辦的地點從小酒館、客棧，逐步演變到家中，甚至是在火車車廂內，最後才終於進入大自然，在野外「以天為帳，以地為席」進行餐宴。

　　過往的年代，臺灣的野餐活動不外就是到郊外或是公園踏青、烤肉；這幾年，隨著露營成為全民運動，露客們載著各式裝備到郊外露營及野炊，儼然已經成為最新時尚。從卡式爐、高級烤盤、鑄鐵鍋到焚火台，野餐時的烹調已經成為露客們展現品味的最佳機會，而大快朵頤時觥籌交錯的熱絡，也是友誼加溫的最佳催化劑——這年頭在臺灣，還有什麼場合比露營野餐更不需要擔心酒測呢？當然，野餐除了好友、好酒、好菜，也絕對不能缺少好山、好水！秀麗的景色對於野餐而言，有如那提味的醬料！試想，如果在水泥叢林之間野餐，就算是山珍海味，那也顯得興味索然。

　　在好友、美食與自然風光之外，作者還建議，不妨帶著精神食糧——書本——去野餐！徜徉山水之間，神遊書冊之外，想來更顯風雅、悠閒。「飲食男女，人之大欲」，作者神妙地點出，野餐也可以是男女增進關係的大好良機，至於文學名著如何描繪這項巧妙的事實，也很值得讀者花點時間細細品味。

　　正如作者所說，「想擺脫這個平庸的世界，就去野餐吧！」可千萬不要「宅男宅女宅成愁」，走出戶外，讓我們野餐去！

前言
野餐墊上的故事：是誰把餐桌搬到了草地上？

還沒有人，我想，會以為「野餐」，就像「野獸」或「野蠻」
那樣，只是一個難聽的字眼。

——英國作家奧斯伯特·西特韋爾，〈野餐與涼亭〉,《高唱！低吟！》
（Osbert Sitwell, Picnics and Pavilions, *Sing High! Sing Low*！）

　　野餐不同於其他用餐，它是一種戶外餐，需要有空閒的時間走出
家門行之。它和既定的社會慣例與運作背道而行，若想要擺脫這個平
庸世界盡情吃喝玩樂的話，那就去野餐吧。

　　一想到野餐，腦中馬上會浮現出充斥著吃喝的社交活動畫面。野
餐不像早餐、午餐或晚餐那樣，具有固定的時間性，它不僅沒有時間
長短的限制，而且日夜皆能享用。早餐、午餐和晚餐是人們必吃的例
行餐，野餐則是讓你得以擺脫工作和住家的休閒犒賞。相對於在室內
或餐廳食用的三餐，野餐的進食往往在住家之外，通常是在自然環境
中進行的。野餐是休閒性的餐點，無論是否有人作東或為「百樂餐」
（potluck，赴宴者每人帶一道菜餚、飲料或甜點參加的聚會），野餐總供應著豐沛
的食物和飲料。管他是老饕或大食客，絕不會讓任何野餐者餓著或渴
著離開。

野餐的快樂守則之一就是它必須簡單、詩情畫意且完全放鬆。而這個守則又衍生出詞彙新解，以泰半反諷的用法，意指一件簡單的工作或任務——而最常見的矛盾用詞即為「生活不是在野餐」（Life is not a picnic.）以及「戰爭不是在野餐」（War is not a picnic.）。J・K・羅琳（J.K. Rowling）於小說《哈利波特：死神的聖物》（*Harry Potter and the Deathly Hallows*）的終極篇章中在榮恩・衛斯理與佛地魔對戰結束後，借榮恩的口，簡短回答納威・隆巴頓：「真不是在野餐，兄弟。」美國首位私家偵探平克頓（Allan Pinkerton）在鄉間看見荒林中的營火，便懷疑有了麻煩，「那個時候還沒有人在野餐，」平克頓繼續寫道：「人們有更重要的事情要做——而且不需要多敏銳的腦袋就能夠想到，只有不老實的人才會據地為王。」野餐充滿著歡樂、社交性並散發出善意。唯有像加拿大作家羅伯生・戴維斯（Robertson Davies）這麼討厭野餐的人才會抱怨野餐好過頭了，「就我個人而言，」他寫道，「我一向喜歡宴會派對而討厭野餐。可能是因為在性格上我是一位古典主義者，覺得正式和制式的事物在愛情及娛樂裡已佔去了一半的樂趣。」至於潮流文青人士則不能免俗地，對野餐二字採用了新的偏解，拿來侮辱某人是「少兩片三明治的野餐」（腦袋少根筋）。

　　事實上，我們所認知的野餐可以追溯到五百年前。雖然人們在室外用餐由來已久，但在野餐被特定化且具有一個相對的歷史起始點以前，它並沒有適當的名稱。顯然在十六、七世紀，它僅是一場無名的室外餐宴。室外用餐——西班牙人稱之為「美連達」（merienda），而義大利人則叫做「瑪琳達」（merenda），但這兩個名稱並沒有在歐州其他地區流行開來。西元一六九四年，法國人稱室內餐為「皮克—尼克」（pique-nique），但並未將其與露天用餐作連結。他們反對這麼做，並普遍影響了其他的歐洲人。英國人也知曉「皮克—尼克」這個習慣用法，但在西元一八〇二年以前都沒有處理過這個用詞，他們只是在這一年將它的拼音英文化為「皮克尼克」（picnic）。四年後，「皮克尼克」餐的用法有了顛覆性的轉變，由室內變成了室外。法國人無視這樣的語言轉換，但這樣的轉變卻深受英國人的歡迎，而美國人也隨後跟進，於是到了十九世紀中葉，「皮克尼克」成為專指戶外行之的野餐——就連不情願的法國人最後也同意了。

野餐史跟隨著現代史發展的腳步：田園生活轉變成城市生活、村庄沒落而現代城市崛起、工作條件的改變等在在都是科技進步、工業化及旅行模式演進所形成的結果——重點是人們泰半在城市中從事室內工作，於是便產生了需要休閒的新興心態。他們生出一股想要逃離平庸無奇，並藉著遠離住家和城市，前往鄉間，甚至類似鄉間的一片草地或一方樹叢，來改變一下生活形態的想望。

由於工作很重要不能離開過久，所以野餐時間都不會太長，通常野餐最好能夠一天來回。一旦有了偷閒機會，野餐者會及時行樂，用籃子裝盛食物，打包餐具、毯子，或許再多帶把傘，加緊腳步前往一個沒有工作的地方——公園、鄉下、海邊或森林。

眼見著加遽的都市化和工業化致使人們滯留於城鎮不易下鄉，野餐的渴望便愈強大。這也是街頭畫家班克斯（Banksy）的畫作《野餐》（*Picnic*）之所以吸引目光的原因了：他在畫作中描繪出一群正在狩獵的非洲土著盯視著一個現代中產階級的白人都會家庭悠哉野餐的海邊場景。畫中顯示，野餐者在嘻笑歡宴的同時，狩獵土著露出一副深感困惑或

難以置信的神情。野餐者放鬆地吃喝，狩獵土著卻如雕像般站立著。野餐者的孩童帶著玩具，而狩獵土著卻拿著狩獵工具。這個家族遠離住家，狩獵土著則不。狩獵土著的日常行程都是固定不變的，他們也無法理解野餐之於我們的意義。

我們之所以能體認到班克斯的玩笑即是因為我們自己對於野餐有最直接的認知和永恆不變的記憶。

讓我們隨便找個理由野餐去吧！

——食譜作家詹姆斯·比爾德，《宴客菜單》（James Beard, *Menus for Entertaining*）

目次

005　推薦序｜讓我們野餐去！　葉慶元

006　前言｜野餐墊上的故事：是誰把餐桌搬到了草地上？

第1章｜大家的野餐籃裡都裝些什麼食物？

014　世界各地的野餐人都在吃些什麼？

022　講究的野餐與方便的野餐

028　最好的野餐食物是……三明治！？

第2章｜要在哪裡野餐？室內還是戶外？

036　野餐原來一點都不「野」：源起於室內的野餐

050　只要一塊能鋪毯子的草地：人們為什麼開始在戶外野餐？

第3章｜帶上一本好書去野餐：藝術家眼中的皮克尼克

067　少不了書本的野餐

073　畫家筆下的野餐盛宴

088　享受一場野餐假期

102　上路吧！開車去野餐

112　狩獵中的暫息

122　孩子們的野餐故事

138　野餐中的愛欲

158　不快樂的野餐？

第4章｜為什麼「野餐」叫做「皮克尼克」

165　皮克尼克的遠親：「瑪琳達」和「美連答」

167　一場歷史上美麗的誤會

169　到底誰先開始用「皮克尼克」？

171　時髦的巴黎「皮克尼克」

174　專屬英國貴族的「皮克尼克」

177　野餐的別名：狩獵餐、流浪餐，還是鄉村餐？

179　高貴野蠻人的室外餐宴

183　後記｜想擺脫這個平庸的世界，就去野餐吧！

CHAPTER ONE

大家的野餐籃裡
都裝些什麼食物？

世界各地的野餐餐宴皆大同小異，耶路撒冷的雞肉和沙拉吃法並無異於其他地方。

——安東尼‧特洛勒普，《柏川斯家族》（Anthony Trollope, *The Bertrams*）

你可以從簡也可以鋪張，一切隨你的意。

——美食作家勞里‧科爾文，〈野餐〉（Laurie Colwin, Picnics）

 ## 世界各地的野餐人都在吃些什麼？

除了一副好興致以外，人們都帶些什麼去野餐？說起來簡單，只要能裝滿任何可帶著走的食物，不管什麼柳條籃、便當盒或紙袋都可以。普天下的野餐者都具備相同的社會特性，他們注重裝什麼和吃什麼，在意食物的份量多於內容，並且全部一次都擺出來。美食作家勞里‧科爾文認為野餐可以隨你的意從簡或鋪張，端看自己的胃口、風格和方式。不管怎樣，大部分的野餐都傾向豐富化，大部分的籃子都裝得快要滿出來，而大部分的野餐者也都扮演大胃王的角色，就連節食者也不例外。令人意外的是，野餐和食物準備得陽春一點都搭不上邊——說到野餐食物，無論臨時起意或是精心規劃，通常都只會多不會少。

美國人的野餐似乎少不了熱狗和蘋果派，因為它們唾手可得。但根據野餐食物史並不這麼認為，其中有一個很值得注意的例外：西元一九三九年，喬治六世國王（King George VI）和伊莉莎白皇后（Queen Elizabeth）受羅斯福總統伉儷（President Franklin and Eleanor Roosevelt）之邀，到他們位於紐約海德公園的家作客，當發現菜單中有熱狗時，每個人都愣住了。儘管這對皇家夫婦也驚訝不已，但是他們不動聲色，因為外交才是正事，野餐只是個幌子。羅斯福總統想藉此機會向國王保證，他一定會在與納粹不可避免的戰爭中大力支持大不列顛。露天烤肉餐宴裡，除了一位遠在一哩之遙，待在羅斯福先生的沃克爾別莊負責掌廚和烤肉的廚師外，沒有人流一滴汗。據說就是羅斯福與英國皇家的野餐「使得」熱狗在美國大受歡迎，但美食作家布魯斯‧達格在《熱狗》（Bruce Kraig, *Hot Dog*）一書中糾正了這種說法。事實上那場餐宴的菜單並不只有熱狗，這個自助午宴還供應了維吉尼亞火腿、煙燻火雞、蔓越莓果凍、生菜沙拉、小圓麵包、草莓酥餅、熱咖啡和茶、本地生啤酒、柳橙汁及萊姆汽水等美國代表性食物（卻獨缺蘋果派）。報紙頭條把握機會爭相報導，即便未經證實，一位記者宣稱國王特別喜愛熱狗，《紐約時報》的頭條寫道，「國王嘗了嘗熱狗說還要，並搭配著啤酒享用。」因為沒有相片做為佐證，所以你盡可隨意想像國王夫婦懷抱著和約翰‧斯隆的油畫《南濱沐浴者》（John Sloan, *South Beach Bathers*）裡人物相同的愉悅心情，享用著熱狗。

熱狗還算不上是典型的野餐餐點，連美國美食和食譜作家們也懶得評論它。通常，一份野餐菜單可能包括有冷炸雞、魔鬼蛋、三明治、蛋糕、甜點、冰汽水和熱咖啡。美食作者詹姆斯‧比爾德在《戶外烹飪》

約翰‧斯隆，《南濱沐浴者》（John Sloan, *South Beach Bathers*, 1907 - 1908），油畫。沃克藝術中心（Walker Art Center, Minneapolis）典藏，沃克基金會於一九四八年捐贈。

（*Cook It Outdoors*）一書就明白指出，「用餐環境和自家飯廳有多麼不同，食物就該和平日的菜單有多麼不一樣。」因為「野餐的胃口通常是大得嚇人，」他堅稱，需要的是「食物海」。美國名廚及作家愛麗絲‧沃特斯同意這種看法，她在《帕尼斯小舍食譜》（Alice Waters, *Chez Panisse Menu Cookbook*）一書中建議了烤紅椒配鰻魚、馬鈴薯塊菌沙拉、深煮鵪鶉蛋、醃漬乳酪配橄欖和整粒蒜頭、烤乳鴿和紫葡萄、酸麵團麵包配荷蘭芹奶油、琳賽杏仁塔和油桃等菜餚。英國美食作家伊莎貝拉‧比頓（Isabella Beeton）

的「四十人份野餐菜單」設計出一場需要廚房人員花費數天時間規劃、準備和打包的盛宴。比頓的野餐菜單出現在她經典的《比頓夫人的家居管理手冊》（*Mrs. Beeton's Book of Household Management*）裡，堪稱是野餐餐點的典範，食物包括有：四隻烤雞、兩隻烤鴨、一隻火腿、一支牛舌、兩盤小牛肉和火腿做成的派餅、兩盤乳鴿派、六隻中型龍蝦、一份甘藍小牛頭、十八棵萵苣、六籃沙拉、六條黃瓜、糖熬水果、三或四打普通油酥餅乾、兩打水果餡餅、四打乳酪蛋糕、兩個冷乾果布丁、兩份鮮奶凍、一些果醬泡芙、一大盤梅子布丁、一些新鮮水果籃、三打普通餅乾、一塊乳酪、六磅奶油、四分之一條家常麵包、兩個磅蛋糕、兩個海綿蛋糕、一桶綜合餅乾、半磅茶葉、一片辣根、一瓶薄荷調味醬、沙拉醬、醋、芥末醬、胡椒粉、鹽、上好的油、碎糖、三打夸脫裝麥芽啤酒（裝於提籃）、薑汁啤酒、蘇打水、檸檬汽水瓶裝各兩打，六瓶雪利酒、六瓶波爾多紅葡萄酒、香檳酌量，如有其他淡酒更好，再外加兩瓶白蘭地。「水，」比頓夫人特別提醒，「通常容易取得，所以不用帶。」這樣肯定能減輕不少負擔。

　　普天下的野餐菜單都顯示出餐點越多越好。印度裔飲食作家瑪德赫・傑佛瑞在回憶錄《攀爬芒果樹》（Madhur Jaffrey, *Climbing the Mango Trees: A Memoir*）中描述了西元一九四〇年代在印度德里的野餐，一行包括僕人在內，為數約三十人的整個家族魚貫上車前往對外開放的公園或皇宮，例如那座建於十三世紀的古德卜高塔（Qutb Minar）野餐。野餐從一早就開始，食物是在家中預先準備好的：蕃茄薑汁馬鈴薯、印度薄餅（pooris）、手拍肉丸子、酸黃瓜和水果，全部裝進籃子裡；器皿也要打包：木炭火爐或黃銅爐（ungeethis）、炊事用具、茶壺整理好待用──這些可都是

傑佛瑞宣稱的「野餐餐點電池」。一旦選定野餐地點，僕人們便預先鋪好白布後，其上再加鋪一條藍白條紋的厚棉布毯。野餐者盤腿坐著，並從食物托盤中用手抓取他們要吃的食物。傑佛瑞說他們甚少使用食盤和刀叉，經常以印度薄餅當作食盤。茶則是倒在用完即丟的紅土茶杯（mutkainas）裡。傑佛瑞喜歡的野外午餐餐點有配著薄餅食用的肉丸咖哩、柯夫塔丸子（koftas，用肉、魚或乳酪加香料壓碎調製成的丸子）；羊肉配菠菜；油炸綠豆餡餅和普卡（phulka，全麥麵粉做的炸餅）——所有食物在她的兩本食譜《印度烹飪之約》（*An Invitation to Indian Cooking*）和《印度風味》（*A Taste of India*）中均有詳細的描述。

相對地，某個孟加拉家庭在昌迪普爾奧里薩邦（Orissa, Chandipur）海邊的野餐（choruibhati）雖很傳統，但似乎顯得就沒那麼正式了。據食物歷史學家克里新度・雷（Krishnendu Ray）所言，這樣的野餐將印度教節慶推上最高潮，而食物都當場在一個名為「爐啦」（chullah）的開放式爐上製作。雷回憶說，所有的東西都是打包好（生的食材、炊事用具等）帶到現場烹煮——這是一項大工程。很罕見地，由男人負責掌廚、而女人做餐前的準備工作。以馬鈴薯、南瓜、花椰菜、薑黃根粉、生薑、葛縷子籽（kalonji / caraway）、葫蘆巴（fenugreek）、茴香、蒔蘿籽、胡荽燉成的蔬菜湯是極受歡迎的菜餚之一。此外還有米飯、達兒（dal，去莢並剝開的乾豆）、燉蔬菜，以及加有椰棗、葡萄乾、粗糖的蕃茄恰特泥（chutney，由芒果、糖、檸檬汁或醋做成的調味料）。

日本人喜歡的野餐時節為春、秋兩季，野餐者可以藉此欣賞到盛開的櫻花或楓紅。這兩個季節一到，日本人就用便當盒（一種分成數個隔層且層層相疊的飯盒）裝帶大量的食物。一個傳統的便當裡會裝滿賞花丸

子（一種三色麻薯丸串）、飯糰（一種捏成三角或橢圓形，外層常包有海苔的米飯糰）、紫菜壽司卷、雞肉或蝦子天婦羅、撒上芝麻的炸雞塊、魚板，和生的、冷的或醃的蔬菜。分開打包的飲料則有水、酒和日本清酒。

　　遠離海邊的圖博人喜歡在飾有金、藍和紅色等華麗色彩的帳篷裡野餐。在芭芭拉·本克（Barbara Bank）的研究報告（〈圖博式的野餐〉〔A Tibetan Picnic〕）中寫道，他們登上海拔約一萬六千尺的高原，在被太陽曬得暖暖的草地上用餐。將切片羊肉乾沾碎紅辣椒，以及名為「糌粑」的大麥麵糰放在開放式的爐火上烹煮，並配上加有「什恰」（sö cha，犛牛奶油）的紅茶便是他們的午餐。沒有刀叉和餐巾，也不使用盤子。進餐者用手指頭進食，他們需要帶的只有用來喝茶的杯子。

　　第二次世界大戰期間，義大利當地的一名農夫替脫逃的戰犯艾瑞克·紐比（Eric Newby）準備了一頓包括有蔬菜義大利麵濃湯、玉米糊、義大利硬麵包（白麵包）和薄切非煙燻古拉泰勒火腿（culatello）在內的典型義式「瑪琳達」，並提供了蘭布魯思科（Lambrusco）氣泡葡萄酒連瓶喝。後來紐比成了一名旅行作家，並逐漸有了更具國際觀的品嘗能力，但在西元一九四三年的當時，他還不太懂得義大利食物。

　　南非小說家納丁·戈迪默（Nadine Gordimer）憶起在南非為週日野餐所準備的一次簡便午餐，並稱它是「一場備有舌頭凍、雞肉片和冰淇淋的宴會」，那時她和友人衝進當地的猶太熟食店，不確定自己要買些什麼，算是一場心血來潮的即興野餐。

　　至於為英國作家彼特·梅耶（Peter Mayle）生日所舉辦的法式野餐則是一場歷時四小時的盛宴，菜餚以蜜桃香檳開場，接著是哈密瓜、鵪鶉蛋、奶油焗鱈魚（brandade，以鱈魚和蕃茄泥烹煮，一種地方菜餚）、塞有蕃茄

和醃漬蘑菇的野味肉醬、生日蛋糕和法式糕點。這次的野餐比一般的草地餐會來得正式，它是在一張擺放於陰涼處，鋪有白色桌布，外加餐巾、冰桶、數盆鮮花、碟子、餐具及椅子等一應俱全的十人桌上進行的。

在國際知名的野餐食譜中，飲食作家克蘿蒂亞‧羅登的《戶外吃更好吃》(Claudia Roden, *Everything Tastes Better Outdoors*)一書列有精彩的「外帶」食物和主題野餐名單。可打包帶走的食物通常有三明治、肉醬、（罐裝）肉麋、雞蛋、冷的肉類和雞肉、甜點、飲料（桑格莉亞水果調酒〔sangria〕、優酪乳、咖啡和茶）等等。主題野餐則包括英國、日本、喜馬拉雅、中國、東南亞和印度餐的菜單。某份「中東慶典活動」的菜單闡述了已深植在羅登家族史中的野餐哲學──由於生長在埃及的亞歷山大港，羅登記得家族會在科普特復活節星期一（Sham el-Nessim，為埃及的國定假日）慶祝春天的到來，前往亞歷山大港的阿加密沙丘野餐。羅登連自己家族有多少人都不清楚，但她卻提出一份精心且費時的菜單：炸魚排（Blehat Samak）、加上碎麵片的阿拉伯魚板（Qras Samak）、摩洛哥式動物腦髓、填裝肉類和松子的Ajja肉餡餅（Sanbusak）、蛋捲、伊朗式的煎蛋捲（Kukye Gusht）、生羊肉和碎麵片（Kibbeh Naye）、碎麵片沙拉、碎麵片拌多種蔬菜（Tabbouleh）、肉丸配櫻桃（Lahma bil Karaz）、波菜配黑眼豆、扁豆蕃茄沙拉（Salq bi loubia）、橄欖油漬青豆（Lubia bi Zeit）。謝天謝地，你毋須照單全吃下肚。

在地球另一端，美國紐澤西州的紐瓦克，餐廳共同經營者諾瑪‧珍和卡蘿‧達頓（Norma Jean Darden and Carole Darden）則憶起和父親巴德（Bud）的野餐，他喜愛美國南方菜。《匙用麵包和草莓酒》(*Spoonbread & Strawberry*

Wine）一書中有這樣的描述，他們一起慶祝屬於非裔美人的七月四日（美國獨立紀念日），巴德・達頓的菜單內容有烤乳豬、烤雞、燒烤肋排、碳烤側腹或後腰牛排、帶梗玉米、綠色蔬菜（芥蘭菜或綜合蔬菜）、四季豆、馬鈴薯、空心粉蝦子沙拉、節慶沙拉、魔鬼蛋、蒜味法國麵包、冰涼的哈密瓜、草莓潘趣酒、各類汽水和冰啤酒。

辦一場為時三天的野餐狂歡是喜劇演員菲爾茲（W.C. Fields）對吃的想法。根據菲爾茲傳記作者羅伯特・泰勒（Robert Lewis Taylor）的說法，野餐時菲爾茲命令工作人員將帶蓋的柳條籃子裝上西洋菜、剁碎的橄欖和各種堅果、牛舌、塗有花生及草莓醬的三明治、魔鬼蛋和加味火腿、添加洛克福（Roquefort）乳酪的西洋芹、黑魚子醬、鵝肝醬餅、鰻魚、燻牡蠣、小蝦和蟹肉、罐裝龍蝦肉、罐裝雞肉和火雞肉、瑞士乳酪、利德克蘭茲乳酪（Liederkranz）、卡蒙貝爾乳酪（Camembert）、一瓶橄欖、三四罐蜜餞、天使和魔鬼蛋糕、各式組合的三明治等。此外還有一箱一九二八年份的蘭頌香檳（Lanson）、幾瓶琴酒、六瓶上等索甸白葡萄酒（Sauterne）及一箱啤酒。據說菲爾茲還在大家要離開時道，「如果還缺什麼，我們沿途再把它補足。」

關於英國作家福特・馬多克斯・福特（Ford Madox Ford）在法國地中海邊的「卡朗格峽彎盛宴」，他說約有二十位飢腸轆轆的野餐者圍坐在一張船底板做成的桌子旁，喝完六十一瓶酒，並吃光「五十磅馬賽魚湯」、「十二隻以酒和無數好聞草藥燉成的公雞」、「一盤如車輪般大小的沙拉」和「以葡萄渣、芳香草料、蘋果、桃子、無花果、葡萄熬成醬汁的甜奶油乳酪」。食物和酒的運送並不是一件簡單的任務，它們必須用繩索從懸崖上空降下來，不過搭船而至的客人就顯得輕鬆多了。

講究的野餐與方便的野餐

食譜作家比爾德在他的著作《宴客菜單》說道，「不管在哪裡舉辦，野餐都是戶外活動中的莫大享受之一。極講究的野餐需要有上等的亞麻織品、水晶和瓷器搭配；最簡單的野餐，則帶上幾瓶酒，並在過路城鎮的熟食店買幾樣下酒菜即可。我回想起最近在法國的一場野餐，當時我們在圖爾買了圖爾熟肉醬（rillettes de Tours），並在其他地方買了一些好吃的牛鼻酸黃瓜沙拉（salade museau）、不錯的麵包、可口的蕃茄和乳酪。還在不二價超商買了一瓶當地的酒和幾個玻璃杯、盤子，使得在勒芒（Le Mans）附近石楠園中的野餐再次成為特別值得回憶的一次野餐。」

美國飲食作家費雪（M.F.K. Fisher）相當執著於「真正的」野餐。她在〈首嘗牡蠣〉（The First Oyster）一文中追憶小學時到海邊的野餐，那次印象深刻的經驗讓她以為野餐一定要有三明治、熱炸雞、魔鬼蛋、水果、盤子以及刀叉這些東西。但她後來的〈野餐的樂趣〉（The Pleasures of Picnics）就以較世故的口氣主張，野餐是一種簡單的宴享，最好選擇可以用手指取用的食物。「真正的」野餐須在戶外進行並且遠離家園，至於時間則選在仲夏、四月、五月或十月的黃昏時刻。無論如何，食物當中一定少不了三明治。相處必須和樂，不喜歡野餐食物的人最好「馬上讓他離開」。儘管費雪的態度看似永不妥協，其實她並不愛在戶外烹煮，於是她攜帶了番茄醬烘豆、冷的烤「小鳥」、魚子醬、冰香檳、無氣泡葡萄酒和一個冰過的慕斯蛋糕這些熟食。

其他執著於野餐的人則非常在意當場準備並且嚴格執行，舉例來說，美國的車尾檔宴會者（tailgator）就講究到帶著廚房去體育館停車場，

在那兒，冒煙的烤肉（豬肉、牛肉和香腸）還混合了汽車廢氣的味道。三明治可以簡單也可以複雜，任何能夠合理地擺進兩片麵包之間的食材都值得一試。三明治愛好者只要打包好他的麵包和餡料，塞進一只袋中就可以出發去野餐了——三明治是永不退燒的野餐食物。

　　法國美食家薩瓦蘭（Jean Anthelme Brillat-Savarin）為了對照簡單與講究的排場，在《味覺生理學》的〈狩獵中的暫息〉（The Halte de Chasse, *Physiology of Taste*）一文裡，不顯突兀地描繪了在同一個下午進行的兩場野餐。第一場是備有冷雞肉、格律耶爾乳酪、洛克福乳酪、麵包和冰白酒的「小吃」，這時候屬於第二場的狩獵者則坐在草地上等著他們的女人帶著一頓繁複料理的到來，食物包括有火雞肉凍、來自佩里格（Périgord）和史特拉斯堡（Strasbourg）的佳餚，加上可以讓整個盛宴充滿「一種在客廳時所沒有的快活感」的冰香檳。薩瓦蘭特別偏好將平凡與講究混搭在一起，拿狩獵者的小吃和特別料理的餐宴做對照是他的嘲諷特色。這種不一致性恰巧凸顯了他的食物知識、狩獵的技術、在複雜環境中的社交能力以及身為法國人的好吃習性。

　　英國教育家康斯坦絲・史普瑞是希冀野餐本身輕鬆簡單而吃食講究的現代人之一，她在《康斯坦絲・史普瑞烹飪書》（*The Constance Spry Cookery Book*）裡用了兩種方式來呈現。首先她抱怨，有些野餐實在「太盛大」了，以致於讓人以為野餐之所以歡樂是因為食物、香檳、餐盤和僕人的招待：「這不是享受野餐的最佳方式。」然後她坦誠，「很可惜時間往往是我們的敵人，許多戶外食物都必須預先做好帶來。」史普瑞建議的食物從簡單的三層三明治到燒烤漢堡、龍蝦沙拉或煎蛋捲都有。

　　至於史普瑞對豐盛野餐的批評，美國美食評論家克雷格・克萊伯

恩（Craig Claiborne）深不以為然。若說起豪氣和暴飲暴食，克萊伯恩算得上是我們這個時代的翹楚，這點尤其在那次由《紐約時報》花錢辦的海邊野餐中表露無遺，他還因此躍登《生活雜誌》中〈盛大的野餐〉（Magnificent Pique-Nique）一文中的故事主角。這場野餐由五位「四星級的紐約主廚」負責策劃，他們捨棄了冷雞、魔鬼蛋、三明治，並以酸辣淡菜、肉醬、青魚佐白酒醬、牛肉沙拉、酸橘汁醃魚、水煮去皮巴斯魚佐蛋黃醬、烤乳鴿、冷塞料龍蝦、水果、布利乳酪、卡芒貝爾奶酪、山羊奶酪和法國麵包代替，供二十五位賓客自由取用。酒是普通等級的酒，但他們卻使用法國御用名品巴卡拉（Baccarat）水晶杯。克萊伯恩遭人批評他的野餐過於法式，所以他接下來在七月四日國慶嘗試了一場傳統的海邊烤蛤蜊餐會：有龍蝦、蛤蜊和帶梗玉米。

　　複雜菜單是在什麼時候勝過簡單菜單的，只要閱讀英國烹飪書作者妮卡·黑澤爾頓的《野餐之書》（Nika Hazelton, *The Picnic Book*）就知道了。黑澤爾頓一開始是反對現場烹煮的。「畢竟，」黑澤爾頓解釋，「我很樂意為我的客人準備大量的美食，但為什麼必須在極度不方便的環境下做菜呢？」黑澤爾頓喜歡為特定的場合準備主題菜，例如「船隻下水野餐、冬季野餐、西印度島野餐」，甚至「償還債務野餐」等等。她還特別講究技術：「有許多的野餐建議，就連優良的那些也不例外，」她解釋，「會根據來客數提供一些合用的食譜。我實在看不出它的實用性，我從來不會在一開始就說要辦一場有六位或二十位客人的野餐。我邀請我的客人，然後再搞定我的食物。」一份用在她接辦的「伊利大教堂草坪野餐」的典型菜單包括有：上校的印地安人清湯、鮭魚沫三明治、小牛肉醬三明治、芥末奶油、櫻桃蘿蔔、醃核桃、芹菜梗、威士卡蜜

飲（Atholl Brose，混合威士忌酒、淡奶油、蜂蜜的一種飲料）及馬鈴薯泥海綿蛋糕。至於她喜歡用什麼麵包製作三明治則並未提及。

自承任性的英國烹飪書作者利耶女士的野餐則有她喜歡的食物及她在《駕駛們的野餐：烹飪的誘惑系列》（Mrs. C.F. Leyel, *Picnic for Motorists, The Lure of Cookery Series*）中所描述的水煮培根冷肉、俄羅斯炸丸子、熟煮蛋、法國黑李和冷的烤羊肉，羊肉當然是沾著旱金蓮醬吃的。英國作家奧斯伯特‧西特韋爾以為完美的英國戶外野餐食物應該「取自於大地」，諸如麵包、山羊乳酪、蘋果、芹菜和歐洲越桔等，但絕不可致命或導致食物中毒。如果西特韋爾不是開玩笑的話，那麼英國劇作家威廉‧杰羅爾德就肯定是了，〈野餐改革〉（William B. Jerrold, *Picnic Reform*）一文是他對一八六〇年代英國上流社會發出的諷刺文，他突發奇想，覺得野餐食物毋須在家烹煮，只需前往倫敦西區到哈洛斯百貨（Harrods）那樣的豪華商店購買即可。他一語雙關地稱這種高級料理為「罐裝的運氣」（potted luck）——食物內容包括了繁複的野味：發酵的法國野味派、烤小羊後腿、松露雞、法式蛋糕、格魯耶爾乳酪、洛克福乳酪、咖啡、葡萄果渣白蘭地、波爾多紅葡萄酒、香檳、卡爾洛夫奇白葡萄酒（Carlowitz）以及呂德斯海姆酒白葡萄酒（Rudesheimer）。而菜單概念的轉變也正在進行著。瓊‧海明威和康妮‧馬瑞奇合著的《野餐美食家》（Joan Hemingway & Connie Maricich, *The Picnic Gourmet*）本以為辦場野餐很容易，直到必須替冷天的「路邊野餐」準備青椒湯、法國煎蛋野餐麵包、肝醬、酸蘑菇、無花果、新鮮水果、胡桃餅乾巧克力拼盤及咖啡歐蕾這些食物她們才有所改觀。

《夏日烹飪》（*Summer Cooking*）一書紀錄著英國烹飪作家伊麗莎白‧戴

維德（Elizabeth David）的簡單及繁複野餐，她在這兩者之間擺盪。「野餐上癮者，」她寫道，「似乎可粗略區分為兩派，一派就是那些坦言做了繁複的準備，絕不容許分毫的差錯，而另一派的組織工作不可謂不複雜，但他們比較不老實，假稱任何東西都可以現場取得，並且就近在伐木工火爐上烹煮。」戴維德憶起一次孩提時的野餐，當時的她緊跟在男管家、司機和攜帶精美瓷器、銀扁平餐具、桌布、預先準備好的冷雞肉、果凍、松露等數道菜的侍者之後，穿越一個正式的花園，走上一條小巷子，翻過一道籬笆，最後走進一片森林。但小孩並不與大人一同進餐；而是先由園丁升好明火，大家圍烤起許多的香腸和培根肉。戴維德於二次世界大戰剛結束的時候，為在法國舉辦的野餐而到當地商店採買：橄欖、鯷魚、義大利香腸、肉醬、大量的麵包、煙燻魚、水果、乳酪和「便宜紅酒」。總之戴維德喜愛的野餐食物是「添」（tian）──一道「簡單」的菜餚，但對客串廚師來說絕非如此，因為你必須先購買一個叫做「添」的陶鍋，這道菜就是因此得名的：首先需要準備一鍋綠色蔬菜、菠菜、唐萵苣、食用葫蘆、幾瓣蒜頭、橄欖油，然後放入鹹鱈魚或新鮮沙丁或鯷魚。想要豐盛一點的話可以添加米飯或鷹嘴豆，想要濃稠一點則可以加蛋，其上再覆以麵包屑和帕馬森乳酪。朋友們甚至為戴維德在一九九二年的追悼會，辦了一場有玉米粉和迷迭香麵包、扁豆和山羊乳酪沙拉、菠菜和格魯耶爾乳酪塔、小甜菜根酸辣醬、五香茄子、皮埃蒙特烤甜椒（Piedmontese peppers）、烤金槍魚配紅洋蔥和多種豆類、裹上杏仁糖衣及水果的義式甜餅（panforte）以及白酒的繁複野餐。

　　擁有選擇權是極大的激勵手段，有些人寧可選擇鋪張也不願隨便為之。精心擺設「信仰復興星期日」（Revival Sunday，又稱為「大地晚餐」

〔Dinner on the Grounds〕）的食物是美國南方循道宗信徒（Methodists）和浸禮宗信徒（Baptists）的習俗。由於這類野餐關係著教堂，所以普遍存在一些對食物的限制。但一定準備成堆的食物，且消耗量驚人。維吉尼亞州劉易士家族的某次非裔美人信仰復興星期日的奉獻，便充分表現出了典型南方人的好客精神。而埃德娜‧劉易士在她的食物實錄烹飪書《村廚風味》（Edna Lewis, *A Taste of Country Cooking*）中驕傲地描述：

我的母親在端出烤火腿、已經炸好的至少半打的雞、一大盤清淡精緻的烤玉米布丁、一沙鍋蕃薯、豬肉脆片拌鮮青豆及剛烤好還熱著的餅乾之前，先展開一張白色的亞麻桌布。主菜周邊擺放了醃漬的酸香瓜綿、甜菜根、小黃瓜和香醃桃子這類配菜。她烘焙的一打左右的蘋果派和蕃薯派疊成三層，旁邊放了牛奶糖和燕菜蛋糕。最後拆包裝取出盤子、叉子、白色織花餐巾、幾加侖的瓶裝檸檬汁和冰茶。沿著六十英尺長的桌子，鄰居們也同樣在忙碌著。共計有烤肉和燉鍋菜、高麗菜絲和馬鈴薯沙拉、檸檬蛋白派、卡士達醬、泰勒派（Tyler Pies）、巧克力和可可層蛋糕、檸檬奶油和磅蛋糕。

雖然劉易士表明這一切都是上帝的恩賜，但其豐盛和多樣化不啻為野餐的美食主義做了印證。其奢侈的程度似乎也象徵了該家庭在社區中的社會地位，對野餐做出的奉獻越大地位越高。替美國聯邦農業安全管理局（Farm Security Administration）工作的攝影師也一一記錄下了一九四〇年代的「大地晚餐」和「信仰復興星期日」的影像。

琳達‧赫爾‧拉尼德的《一百個野餐建議》（Linda Hull Larned, *One*

Hundred Picnic Suggestion）則認為是汽車改革了野餐餐點。拉尼德的烹飪書並沒有對此大肆討論，只將其編撰在「一般野餐籃」和「汽車專用帶蓋大野餐籃」兩大標題之下，前項是給一般野餐者的建議，而後項則專門針對駕駛。

蘇格蘭作家阿格尼斯・哲基爾將其在《倫敦時報》的美食專欄集結成的著作《廚房物語》（Agnes Jekyll, *Kitchen Essays*）中則有較公開的區分。「旅行者的食物籃如以這裡所建議的一些方式裝配的話，」她自以為是地斷言，「將使得它的主人在時間和地點的選擇上有了自主性，強化了對抗飢渴的能力，免於官員的敲詐和刁難，抵達時將精神抖擻，肯定可以好好享受早已等在那裡的美麗景色和快樂探險。」她的〈冬季汽車郊遊午宴〉（Luncheon for a Motor Excursion）包括有蘇格蘭式肉類蔬菜湯、包餡鮭魚捲、大量香甜熱葡萄酒和熱咖啡。

 ## 最好的野餐食物是……三明治！？

三明治是美國野餐食物的首選，我們可以在烹飪書中發現不少相關配方和組合實例。被提及並做為食物的次數與麵包不相上下的就是三明治了。三明治便於運送並且容易製作。碧・威爾森的《三明治：全球史》（Bee Wilson, *Sandwich：A Global History*）十分技巧性地在三明治的歷史當中穿插了它的簡單性和多樣化。而艾倫・戴維森和湯姆・堅尼合著的《牛津食品指南》（Alan Davidson & Tom Jaine, *The Oxford Companion to Food*）則主張三明治是最好的野餐食物，因為它的材料包羅萬象，運送容易且隨地可吃。對美食作家費雪而言，三明治的至高地位是無庸爭辯的，她

實在「不喜歡和野外火爐打交道，討厭在野餐時使用燉鍋和平底鍋等炊具」，她還是比較喜歡她那壓扁的「火車三明治」（Railroad sandwich）──她曾在〈野餐的樂趣〉一文中這麼說道，之所以如此命名是因為它由一條中間挖空再塗上奶油、撒上火腿絲的法國麵包製成，之後還要用一條毛巾包覆起來，然後端坐其上，直到它被壓扁才算完成。多浩大的工程，能與它媲美但複雜性稍差一點的，出現在《白色垃圾的烹飪》（White Trash Cooking）裡，由白麵包、美奶滋和洋芋片做成的恩斯特麥可勒三明治（Ernest Mickler's sandwich）。三明治──特別是配有生洋蔥的，是文豪海明威最喜歡的食物之一。他的生洋蔥花生醬三明治被寫在小說《海流中的島嶼》（Islands in The Stream）裡面，但大家可能都沒有印象了。總之，他的傳記作者霍奇納極具幽默感，在《爸爸海明威》（A. E. Hotchner, Papa Hemingway）中提供了配方：麵包、花生醬和生洋蔥。其實海明威喜歡多種三明治，但它們幾乎都少不了生洋蔥，且他似乎從不喝水，海明威的最佳野餐裡沒有三明治卻有大量的酒，關於這點則見諸他另一本死後出版的小說《伊甸園》（The Garden of Eden）。

不遑多讓地，美國美食作家勞里・科爾文野餐的最愛就是無論何時都是灑上洋芋片碎粒的奶油起司三明治及義大利香腸三明治。科爾文從不掩飾她好此味，她在〈野餐〉（Picnics）一文中寫道：「過去常在想（現在也一樣），野餐可以是任何形式的。如果你高興的話，它也可以像（《愛麗絲夢遊仙境》中）瘋帽子（Mad Hatter）的茶宴。野餐的基本精神是活潑、創新和滿足，它餵飽了那些因呼吸到新鮮空氣而胃口大開的人們。」蘿拉・康寧漢在回憶錄《鄉間某處》（Laura Cunningham, A Place in the Country）與讀者分享了約莫五歲時的依稀記憶，她的母親帶她到曼哈頓公園，在那

兒，她們一起吃了神奇麵包三明治（Wonder Bread sandwiches）和水果。曾經吃過神奇麵包的人都知道，它是一種極柔軟的白麵包，加進了各種內餡，甚至奶油後，吃起來糊糊的。

　　無意外地，三明治隨著戶外野餐的興起而越受歡迎，兩者間或許共生共存吧。像「野餐」（pique-nique）這個字的定義一樣，「三明治」（sandwich）這個英文字的出處和名稱也眾說紛紜，至於它為何和三明治伯爵（Earl of Sandwich）同名則一直是個謎。西元一七六二年，英國人愛德華‧吉朋（Edward Gibbon）在他的日記中提到第一個三明治，而法國人皮耶一尚‧格羅斯里的《倫敦巡禮》（Pierre-Jean Grosley, *A Tour of London*）也述及三明

班‧沙恩，《主日學野餐》（Ben Shahn, *Sunday School Picnic*, 1937），北卡羅萊納州龐德羅沙家園（Ponderosa Homesteads, North Carolina）。國會圖書館（the Library of Congress）提供。

治在倫敦頗受歡迎。不管是吉朋，還是格羅斯里，都未能將三明治與戶外用餐連結在一起。總之，創於英國，被稱為「冷肉麩」(cold loaf)的野餐麵包勉強將三明治與食物做了野餐的連結，因為它由麵包塞肉製成，狀似三明治。梅儂的法文烹飪書《庭院的晚餐》(Menon, *Les Soupers de la Cour*)後來被伯納德・克勒蒙(Bernard Clermont)翻譯成英文，登載了美因茲火腿麵包(pain de jambon à la mayence)的食譜：將煮過或烤過的西伐利亞火腿切薄片；以動物油和剁碎芳香草料做成餡料；備好製作法國蒜味麵包的麵團，用手稍微壓平麵團，依其大小，將餡料放在火腿切片上，然後覆上麵皮，繼續這樣的工序兩、三次，最後覆上的是麵皮，塑形成一個無法瞧出內餡的小條麵包；置烤盤上以中火烘烤；放冷後食用。克勒蒙還說，冷麵包便於攜帶，最適合旅行中食用，但他並未推薦用於野餐。

英國貴族瑪麗・沃特利・孟塔古夫人(Lady Mary Wortley Montagu)也許曾在西元一七五二年帶著一個三明治進行了一次觀光野餐。寫於西元一九○二年，孟塔古的傳記作者埃米莉・克萊門森(Emily Climenson)十分確定，一個「冷肉麩」即為一次的野餐，可惜這應該只是一次的歷史錯置。英格蘭西威斯特摩蘭(West Westmorland, England)地區委婉地稱三明治為「拇指物」(thumber)。以幽默寫作著稱的美食愛好者愛德華・斯賓塞(Edward Spencer)聯想起唐斯新市場(Newmarket Downs)的午時運動野餐。他在《蛋糕和啤酒：關於餐食的回憶》(*Cake & Ale: A memory of Many Meals*)一書中提到，這些在小吃攤購買的三明治「粗糙但很實在，它由厚實的三明治、乳酪、麵包製成，還配上牛肉、羊肉和豬肉，這種拇指物特准午餐者自己用摺疊小刀切來吃。」總之拇指物不好處理（肉汁和醬汁會從包

裝紙滲出），所以它們並不討喜。像專欄作家禮儀小姐（Miss Manners）一樣講究整潔的野餐者有一條不成文的野餐禮儀規定，如果你真將它全部吃下去，舔舔手指頭是被容許的，「只要你舔得得體。」英國旅行作家弗朗西絲・特羅洛普（Frances Trollope，小說家安東尼・特羅洛普〔Anthony Trollope〕的母親）喜歡三明治，但從不透露她在兩片麵包之間放了什麼。她和家人去到俄亥俄州辛辛那提郊外，在既炎熱蚊子又多的森林裡有了回難忘的野餐。她在旅遊回憶錄《美國人的家庭禮儀》（Domestic Manners of the Americans）裡幽默且平鋪直述了那次野餐，並且發誓不再到美國森林中野餐。她也避免在她的其他旅遊書裡提及野餐。

美國作家葛楚・史坦（Gertrude Stein）和她的伴侶愛麗絲・托克拉斯（Alice B. Toklas）熱愛野餐三明治。自西元一九一六年到一九四六年史坦過世的三十年間，她們一直在兩種口味選擇當中遊走，托克拉斯稱它們是「野餐餐點首選」或「野餐餐點的第二選擇」，《愛麗絲・托克拉斯的烹飪書》（The Alice B. Toklas Cook Book）的食譜將首選給了雞肉沙拉配磨菇和熟煮蛋，第二選擇則頒給剁碎嫩烤牛肉配青蔥、芹菜、酸奶油和芥末粉三明治。廚房歸托克拉斯掌管，所以由她來監製三明治，史坦總是負責開車，她們有兩部車，一部叫「波琳阿姨」（Aunt Pauline），另一部則是叫做「戈黛娃夫人」（Lady Godiva）的福特汽車。如果不吃三明治，史坦和托克拉斯會在鄉下的餐廳野餐，花大錢享受一下繁複的菜餚，她們會享用費永媽媽（Mère Fillioux）的蒸雞、烤野乳豬脊肉和佩皮尼昂（Perpignan）龍蝦。偏愛這些複雜菜餚不啻說明了野餐者的傾向，他們認為吃喝過量好過適量——這也算是野餐者的古怪特性。

戶外烹煮帶來的到底是方便還是混亂，這也引發了若干沒有結論

的討論。最後由社會規範和品味仲裁者禮儀小姐在她的《禮儀小姐的行為矯正指南》(*Miss Manners' Guide to Excruciatingly Correct Behavior*)中一槌定音。隨便你怎麼想，禮儀小姐寫道，無論選擇了何種野餐食物，都「應該在上菜時還冒著合適的溫度，並且重新裝盤，以免餐桌或草地上會出現商業包裝容器。即便在野餐地點當場烹煮，廚師也要如製作室內晚宴般謹慎。」禮儀小姐面無表情的幽默話語掩飾不了她的擔憂——不在於上什麼菜，而是要如何上菜，她替全世界發聲，說出了這樣的看法。

CHAPTER TWO

要在哪裡野餐？
室內還是戶外？

野餐原來一點都不「野」：
源起於室內的野餐

在一次的晚野餐，供有禽肉，另有魚，還有酒和水果等；
大家一同坐下享用。

——英國詩人利蒂希雅‧巴鮑爾德，《給年輕淑女的遺產》（Letitia
Barbauld, *A Legacy for Young Ladies*, 1826）

「野餐」（*pique-nique*）原本是指室內的宴會，而如今我們所能想到的野餐都是在戶外的。法國人自西元一六四九年起，就在巴奇克‧皮克尼克兄弟會（the Brothers of the Bacchic Pique-Nique）這個饕客團體聚集一處共享成堆食物和以桶來計的飲料時，已經在室內野餐了。約莫同時間，知名的諷刺作家保羅‧斯卡龍（Paul Scarron）曾參加類似野餐會，因為這是破產的他能夠避免尷尬的唯一娛樂方式。這個傳聞並未在兩百年後止息，西元一七七四年，英國詩人奧立佛‧高德史密斯（Oliver Goldsmith）以他的諷刺詩〈報復〉（Retaliation）詳細描述了一次的野餐，它的開場白便引用斯卡龍在巴黎家中舉辦野餐餐宴的實際情況：「很久以前，當斯卡龍把他的同伴都邀請了，/ 每位客人都帶了菜餚，合起來便成了一個盛宴。」高德史密斯似乎不擔心他的英國聽眾是否清楚什麼是法國野餐宴，他也沒有使用「野餐」（pique-nique）這個字詞或引用英國劇作家塞繆爾‧富

特（Samuel Foote）的玩笑，富特在玩笑中以nick-nack取代了picnic。富特消費國家名流的喜劇作品《富豪》（The Nabob），假設每個人都知道一餐nick-nack是眾人貢獻出來的。儘管此劇在倫敦的演出很成功，但nick-nack這個字只落得劇終字亡的命運。

　　無論高德史密斯知道與否，「野餐」（picnic）一字的確出現在於一七七四年出版的鉅著《切斯特菲爾德公爵的家書》（Lord Chesterfield's Letters）書中。這是「野餐」首次在英國人的家書中被公開提及，只是當時並無人在意。其實應該是第二次才對，因為其子菲利普在此之前已經在家書中告知過關於「野餐」的事情，也可能因此使用了這個英文化的拼音，只不過那封信已丟失。文脈上，切斯特菲爾德於一七四八年，在談到菲利普居住的萊比錫集會或沙龍聚會時使用了這個字詞。集會或沙龍聚會風行於整個歐洲，包括英國在內，但只有在歐洲大陸才稱其為「野餐」。切斯特菲爾德在欣慰菲利普不浪費時間之餘，他捨棄了這個字，從此不再使用「野餐」這個字。

　　另一個小驚奇是常見於貴族和知識份子之間，逾越社會規範和界線一起共享的習慣。湯瑪斯‧萊特的《中世紀英格蘭國家禮儀與情緒史》（Thomas Wright, A History of Domestic Manners and Sentiments in England during the Middle Ages）認為在低下階層間，到地方小酒館、客棧或家裡共享食物和娛樂十分普遍——有點兒野餐的味道——每個人都攜帶自己的菜餚；有的帶肉，有的帶魚。萊特也引用了〈澡堂女侍的宴會〉（Le Banquet des Chambrières fait aux Estuves）這首歌，它的歌詞甚至羅列出帶往聚會的貢獻品清單，如一條法國黑香腸、四條普通香腸、一塊肉排和熱醬汁。他指出，本質上這不是名為野餐的晚餐，因為「字詞本身語焉不詳」；稱其為野餐只是

圖方便。「先前唯獨在小客棧的才叫『野餐』（pic-nic），現在則轉換到熱水澡堂，每位參加浴者宴會的人士都會帶上貢獻品一同分享。」

　　澡堂在中世紀為食色不分的室內娛樂活動提供了絕佳場合，而十五世紀的圖畫通常會將這些活動描繪得像在野餐，即便他們並不是。一些好色浴者正在從事曖昧性行為和享用輕食的畫作自承靈感源自於瓦萊里烏斯・馬克西穆斯的《名人言行錄》（Valerius Maximus, *Memorable Deeds and Sayings*），這段撰寫於西元三十一年左右，有關羅馬人生活的八卦歷史。無論如何，歷史學家史考特・麥肯德瑞克（Scot McKendrick）解釋，出現在這些澡堂景象中的並非羅馬人，它們所描繪的是西元一四七〇年左右，在澡堂餐廳找樂子的情侶們，「酒、肉、賣淫、賭博還有發呆。」（某些人的暇時縮影）。

　　後來在小酒館或客棧分攤餐費的習慣演進轉移到了餐廳。西元一七七〇年代，以野餐方式進餐的巴黎人皆樂於分攤費用。歷史學者麗貝卡・斯潘在《餐廳的起源》（Rebecca Spang, *The Invention of the Restaurant*）一書中便討論了這種現象，她還特別提到盧梭的《漫步遐想錄》（Jean-Jacques Rousseau, *Reveries of a Solitary Walker*）。而盧梭的《懺悔錄》（*The Confessinos*）更進一步，認為在家中面對面的野餐方式進餐轉變成在瓦克辛餐廳以野餐方式進餐是很合理的。兩種習慣皆證明極及便利，只是情境有所改變罷了。到了一八三〇年代，分攤費用對作家喬治・桑（George Sand）而言，再合意不過了，她憶起跟情人一起在餐廳吃了十六小時的「野餐」。左拉說這種方式在窮苦的工人階層之間相當普遍，在她的小說《小酒店》（*L'Assommoir*）中，潔維絲・馬卡爾和古柏的結婚宴就是在當地銀磨坊餐廳舉辦的一場祝賀「野餐」。這是當時社會普遍認可的一種工人習俗，

因為沒有了費用分攤，宴會就不可能成形。即便新郎和新娘也不例外，他們也得參與分攤，這場花費五法郎的婚宴菜餚則包括了火腿切片、布利乳酪、麵包，再就是一道細麵湯，以及有人說還在唉叫著的兔子燉肉。外加一隻瘦柴的烤雞，最後以乳酪製成的各式甜點、水果、漂浮之島（floating island）布丁、咖啡和白蘭地酒收尾。如果喝了太多酒而超出預算時，大家只好尷尬地胡亂湊錢來支付多出的開銷。總之，這裡的重點是：一八八七年的法國人仍在室內野餐。就連左拉在他的其他作品裡也避免使用「野餐」（pique-nique）來稱呼戶外進行的午宴或晚宴。

直到十九世紀之前，英國人或多或少都奉行著法國人的室內野餐習慣。約莫在英法戰爭稍微緩和的西元一八〇一年，「野餐社團」（Pic-Nic Society）創立於倫敦。或許是標榜他們親法的態度，該社團在英法休戰的亞眠（Amiens）合約廢除的一八三〇年告終。這個集結了兩萬名「藝術愛好者」、「趕時髦者」的上流社會社團，旨在從事業餘戲劇表演、辦奢華宴會和提供包括賭博內的各色娛樂。他們的團訓是「寧濫勿缺」，而他們偏好的詩作為古羅馬詩人卡圖盧斯（Catullus）的〈卡圖盧斯之歌13〉（Carmina, Carmen, 13），詩作以邀請友人法布魯斯（Fabullus）參加晚宴並要求他帶上食物飲料做為開場：

> 我的朋友，我的桌子。
> 就像你的名字，是個寓言，
> 但可以裝備一個華麗的宴會。
> 如果你來，不要忘記
> 帶上麵包、牛肉、一瓶啤酒，

喔，天哪！我親愛的朋友，你要快。

就在不列顛貴族們大肆揮霍之際，野餐社團團員卻以熱情洋溢、美食主義和惡名昭彰著稱，這一切不僅賦予了野餐式宴會一個全新的意義，並在不經意間使得「野餐」(picnic)變成一個常見字。

對大多數的不列顛人而言，野餐社團的宴會都是新奇的，這種宴會不專由某人做東，而是以認捐的方式來供應食物和飲料。宴會大都在時尚的托特納姆大街(Tottenham Street)租房舉辦的，那裡沒有膳食供應設施，所有的東西都需要在其他地方備妥，接著運送、儲存、安排、上菜。根據友善的倫敦《泰晤士報》的報導，為了每次的晚宴，每名野餐社團團員需貢獻六瓶酒和一道菜——

一頓野餐社團的晚宴供應有各色菜餚，認捐者以抽籤的方式拿到一張附有號碼的帳單，每個號碼都代表一道菜。抽到某個號碼就得負責某道菜，它要嘛隨著主人的馬車要嘛差僕人送到會場，再由負責製作帳單的餐廳領班(Maître d' Hotel)收存。由於菜餚的烹調是由追求時髦的人士各別負責的，所以每個人都力求突出的表現。也因此一頓野餐社團的晚宴不但帶來更多的歡樂，通常還可以炫耀個人精湛的藝術品味。

亨利·安吉洛第一手資料的《回憶錄》(Henry Angelo, *Reminiscenes*)對於貢獻品如何影響一些小康認捐者，及他們面臨抽籤如何焦慮的情景，有著既滑稽又嚴肅的描述——

沒有什麼比美食抽籤還有趣；壞心眼的幸運公爵夫人（Fortune）為了抽籤，雖蒙著眼卻存心耍詐。那些存款不多的人先抽中最貴的籤；不缺錢的人反而抽到便宜的。「美貌」是唯一嫁妝的某位小姐不幸抽到松露野味派，價值至少三金幣，而她的富有鄰居卻抽到半個五先令幣的磅蛋糕。至於那位缺錢的時髦小兄弟抽到的是一打香檳；另一位富豪則是半打（來自葡萄牙或西班牙的）中國橘子。

撇開宴會和賭博不說，野餐社團團員還惹惱了劇作家兼國會議員李察‧布林斯里‧謝立丹（Richard Brinsley Sheridan），德魯里巷（Drury Lane）皇家劇院當時的經營者，並且認為業餘的戲劇演出會減少他的票房收入。在「野餐」（pic nic，意指菜餚由客人貢獻的室內餐）尚未成為常用字之前，憤怒的謝立丹設法讓他們關門並且成功達到目的。字詞本身亦為嘲諷的對象——就在公眾紛爭情勢升高之際，偉大的漫畫家詹姆斯‧吉爾雷（James Gillray）公開批評他們所有人，並說他們全都是笨蛋。成堆的漫畫對野餐社團團員發出負面的嘲諷，以致於他們無以為繼，西元一八〇三年，這群人終於心灰意懶地解散了野餐社團。吉爾雷的〈炸毀野餐社團：——或——滑稽演員吉珂德攻擊玩偶們，參照托特納姆宮街的默劇〉（Blowing up the Pic Nic's; -or- Harlequin Quixotte attacking the puppets. Vide Tottenham Street pantomine.）造就了 pic nic 這個惡名昭彰的蠢字，使得它更為人所熟知。

最後的結果是：隨著野餐社團團員的消失，「野餐」變成大家公認的室內宴會。但是否有人仿效這種新流行，則迄今未知。總之，三年後「野餐」（pic nic）莫名其妙地以戶外婚宴的形式出現在英國作家約翰‧

詹姆斯・吉爾雷,〈炸毀野餐社團:——或——滑稽演員吉珂德攻擊玩偶們〉,雕凹版畫。(James Gillray, Blowing up the Pic Nic's; -or- Harlequin Quixotte attacking the puppets, 1802)

哈理斯（John Harris）的童書《知更鳥和雌鷦鷯的求愛、婚姻快樂和野餐宴會》（*The Courtship, Merry Marriage, and Pic-Nic Dinner of Cock Robin and Fenny Wren*）裡面，再過三年，又以在市政府餐宴的方式出現於瑪麗·貝爾森·艾略特的《老鼠們和牠們的野餐：一個好的勵志故事》（Mary Belson Eliot, *The Mice, and Their Pic Nic: A Moral Tale*）一書中。

哈理斯和艾略特的「野餐」（pic nic）拼音皆為兩個字，顯然他們所指稱的應該是「野餐社團」（Pic Nic society）。兩人皆擷取這個字詞再潤飾它的內容。哈理斯假設戶外的「野餐宴」比較適當，可為社會所接受，是大家熟知的形式。然而艾略特卻加以抨擊，將其設定為是不道德的，是貪吃暴食和妄自尊大的典型案例——而這也正是在倫敦市政府所舉行的可怕富人餐宴中發生的情景。

艾略特書寫的不僅僅只是另一本關於老鼠的故事書，它具備了伊索寓言的〈鄉村老鼠與城市老鼠〉（Aesop, The Country Mouse and the City Mouse），及羅馬詩人賀拉斯的〈城市老鼠與鄉村老鼠〉（Horace, De Mure Urbano et Mure Rustico）的重要本質——伊索和賀拉斯對比了單純和世故，但艾略特卻訓斥人們，鄉村生活是良善的而城市生活很邪惡。她認為參加倫敦的野餐餐宴會遭致報應，所以創造了一隻虎斑紋貓來突襲食品儲藏室，除了幾隻幸運竄逃成功的老鼠之外，其餘的全被吃掉了。依她的嚴格標準，倫敦鼠或野餐老鼠是上流社會的代表，不該蠢笨地把時間都浪費在毫無意義的事情上。更糟的是，牠們全以英文化的法文取名，那個時候正逢不列顛和拿破崙在西班牙交戰。如同野餐社團成員的現實社會處境，倫敦鼠的野餐也在可怕虎斑紋貓一舉終結餐宴之後，狼狽地結束了。隨著大貓的登場、老鼠的逃竄，「進一步的災難」

跟著發生。老鼠們驚慌失措，「牠們的耳裡傳來朋友臨死前的陣陣呻吟，／還有敵人扭斷牠們的骨頭所發出的聲響。」逃過一劫的德文郡鄉村老鼠們將回去老家，去訴說牠們的故事，並且滿足於在穀倉地板上啃食穀物的日子。

　　縱使有如此無情的道德觀，艾略特也無法阻礙「野餐」(picnic)成為日益廣泛的用語。西元一八一二年，它出現在瑪莉亞·艾吉渥茲的暢銷小說《缺席者》(Maria Edgeworth, *The Absentee*)，書中一群古板的年輕婦女寧可帶著自己的食物去參加午餐會，也不願在男士們的陪同下一起吃飯。艾吉渥茲指稱其為「午野餐」(PICNICK lunch)為了確保它的愚蠢可笑不被忽視，還特別用了大寫字母。珍·奧斯汀(Jane Austen)巧妙地將兩次野餐編造進入她的小說《愛瑪》(*Emma*)裡：先是一次在唐維爾修道院的摘草莓野餐，主人喬治·奈特利板著臉表示了他的反對：「在飯廳裡擺好桌子是最簡單自然的了。我想，加上僕人和家具，在室內的用餐最能好好觀察先生女士們的單純和天性，當妳厭倦在花園中吃草莓的話，屋內應該有些冷食。」第二次的盒山野餐是全然戶外的，對此奈特利亦表同意，暗指相較於飯廳裡的行禮如儀，奧斯汀更喜歡室外野餐的即興和不正式性。

　　室內的野餐餐宴獲得詩人兼社交名媛安娜·利蒂希亞·巴鮑德(Anna Letitia Barbauld)的大力贊同。在她對興起一代的忠告選集《給年輕小姐的遺產；散文和詩的小品》(*A Legacy for Young Ladies；Consisting of Miscellaneous Pieces, in Prose and Verse*)中，她建議應該在家裡「野餐」，因為這樣才合乎社交規範。「在某次的野晚餐中，」她寫道，「某人提供了禽肉，另一位是魚，又一位帶來了酒和水果等等；他們全都坐在一起並樂在其中。」這是一次客

人各依所長提出貢獻的飲酒交際餐宴，像百樂餐餐宴一樣，儘管巴鮑德表明對當時傳入英國社會的百樂餐餐宴不感興趣。這樣的餐宴應屬偶發，優雅的巴鮑德實在無法苟同。查爾斯·狄更斯進一步區分了百樂餐和野餐：在他的小說《安德伍·魯德之謎》（Charles Dickens, *The Mystery of Edwin Drood*），古盧吉爾斯先生從當地飯店訂來的餐宴竟是百樂宴：「餐宴中，我們將會有一大碗熱騰騰的濃湯，還有值得推薦的最佳拼盤，我們有一大塊帶骨的肉（如羊後腿肉），更有一隻鵝，或火雞，或任何要看了帳單才知道的塞餡小吃──簡單來說，手頭上有什麼就做什麼。」不過當特因克雷騰小姐帶著兩樣貢獻品：一塊小牛肉派和她的八卦長舌，到餐宴之後，就成了不折不扣的野餐了。

室內野餐在世紀中期成為《哈潑雜誌》（*Harper*）的嘲諷對象。漫畫〈一個適合冬季下雨天的頂好主意──假裝客廳是森林中的陰涼處，來個野餐吧！〉（A Capital Idea for Rainy Weather In Winter-Make Believe That the Drawing Room is a Shady Spot in the Woods and Give a Picnic in It）塞滿了無聊難耐的人。在進入二十世紀之際，卻斯特頓在〈家庭生活的野性〉（G. K. Chesterton, The Wildness of Domesticity）中開玩笑道室內野餐很安全、很方便、很私密，「倘若一個男人每晚都搖搖晃晃地流連在酒吧或歌舞廳，」卻斯特頓主張，「我們會說他生活不正常。其實不然，在這些場所無趣高壓的法條規範下，他過的可是極端規律的生活。有的時候他甚至不准在酒吧裡坐下；也經常被禁止在歌舞廳中高歌。飯店是被迫必須穿上禮服才能進去的地方；而劇院也可能有禁止你抽煙的規定。男人只能在家中野餐。」二十年後，《飄》（Margaret Mitchell, *Gone With the Wind*）作者瑪格麗特·米契爾小說中的女主角郝思嘉（Scarlett O'Hara）曾經嘗試在室內野餐但沒能成功。

〈一個適合冬季下雨天的好主意──假裝客廳是森林中的陰涼處，來個野餐吧〉，《哈潑雜誌》（A Capital Idea for Rainy Weather In Winter-Make Believe That the Drawing Room is a Shady Spot in the Woods and Give a Picnic in It, *Harper's Weekly*, December 4, 1858）。

「我希望明天不要下雨，」郝思嘉嘟著嘴說道，「整個星期幾乎天天都在下雨，沒有比把烤肉變成室內野餐更糟糕的事了。」

在這個時間點上，美食作家並不多加推薦，藝術家和作家也覺得枯燥乏味而不感興趣，室內野餐理當壽終正寢。不過室內野餐的生命在二十一世紀又靠著網際網路再度興旺起來，高達一千四百萬次的貼文刊登，提供了可以在地板、一張床上、廚房、宿舍或車庫享用的室內野餐機會。大家普遍認為此舉愚蠢可笑。一張張影像秀出面帶微笑一派輕鬆的野餐者，其中不乏安全地在地毯上的小孩、依偎在火爐前毛毯上的情侶們。這些野餐所欠缺的靈感創意，泰半都被庸俗和趣味給補足了。

有一些不符合標準野餐要項的特例，火車上野餐尤是。其中最引

人注意當屬奧古斯特斯・艾格（Augustus Egg）的油畫作品《伴旅》（*Travelling Companions*），畫作所描繪的是法國或義大利頭等車廂內的景象，其中有兩位穿著得體的婦女彷若在一面鏡子前，面對面地坐著，一人在睡覺另一人則捧書閱讀。其中一位婦女身旁擺著一束花，另一位的旁邊則有一只裝著水果的野餐籃。雖然藝術評論家認為籃子象徵著家庭生活，但一頓在火車上的午野餐還是挺便利的。儘管食物是否可口無關緊要，但艾格的朋友查爾斯・狄更斯覺得英國火車上的野餐食物乏善可陳，稍後更在〈馬戈比男孩〉（The Boy at Mugby）一文中大肆消遣了一番。

在火車客艙的一次野餐成為勞倫斯的小說《亞倫魔杖》（D. H. Lawrence, *Aaron's Rod*）中的玩笑，亞倫和友人在一個義大利小鎮稍作停留，等著再出發的當兒，他們被迫決定來個野餐：

> 每個經過門口的人都停下了腳步，開心地端詳這裡的景象。官員也跑過來鑑賞一番。隨後法蘭西斯和亞倫帶著大批補給品回來，其中包括有烤栗子、熱騰騰的出爐食物、乾梅子、無花果乾和快壞掉的甜麵包。他們發現水剛煮滾，於是安格斯把茶球丟了進去，一名同車旅客將鼻子湊了過來，興奮不已。再也沒有什麼比紮營在文明中更令安格斯感到高興的了。包裹在皺巴報紙裡的栗子、梅子、無花果和甜麵包散了開來：法蘭西斯飛奔到酒吧去要點鹽巴，帶回了一小包的岩鹽；茶水倒在從老舊午餐盒取出的鑲銀玻璃杯裡：野餐全面開動。

勞倫斯的幽默得自顛覆了人們對野餐應該在草地上舉行的預期心理。每個人，包括野餐者、其他旅客和列車長在內全都熱愛新奇的事物。

美食作家康斯坦絲‧斯普萊曾在《康斯坦絲‧斯普萊的烹飪書》開展對火車車廂野餐的討論。即便五十年後仍令她對第一次搭火車參加家庭聚會的情景念念不忘，途中預先採買好放入野餐籃，帶往火車上吃的中餐有：一塊雞翅、小圓麵包、奶油、餅乾、乳酪、芹菜、某種甜蛋糕和一顆蘋果。她說午餐不貴，是事先訂好的。直到長大成年，斯普萊又懷抱同等熱情，回想起一次更高檔的午餐盒：一個「內裝有兩只附螺旋蓋的紙盒和一些小紙包的超棒紙箱。其中的一個紙盒裝著淋有可口醬汁的完美現做龍蝦沙拉，第二個紙盒裝新鮮水梨、草莓和橘子製成的水果沙拉。撒有罌粟籽、塗上奶油並切成四塊的香脆小圓麵包，加上一個波洛桑袋（Porosan bag，以一種過濾糊狀物的多孔材料製成），內裝直立豎起的清脆萵苣心。

　　最重要的火車野餐或許要屬傑考布‧勞倫斯的歷史油畫作品《移民系列》（Jocob Lawrence, *The Migration Series*）中的一幅畫了，它記錄了非裔美人從農業的南方移居到工業的北方的景象。這次的移民始於西元一九一九年，且在一九三〇年代後期，當數百萬人為了謀求新工作而大舉遷居工業中心時，加快了速度。《抵達匹茲堡的移民群》（*The Migration Arrived in Pittsburgh*）捕捉到某個家庭透過車廂窗戶望向一根根的大煙囪，知道自己已經抵達希望之地的瞬間。象徵他們的樂觀的亮黃色野餐籃子，擺在一張空桌上，彷如祭壇上的供品。這個家庭相當興奮，就在紅衣男士用手指向煙囪時，他們滿懷希望地期待著一個成功的未來。在這個瞬間，勞倫斯認為，他們在意的並不是冒著煙的工廠煙囪亦或其所預示的艱困前程。一如他所描繪的家庭，他們安全地待在室內，透過車廂玻璃窗的保護來觀賞外面的世界。事後證明勞倫斯的暗

喻沒有錯，一旦到了室外，他們的生活將不會「再像場野餐」。

　　室內野餐也在當代歷史中經歷了一番的高低起伏——低點出現在保羅・索魯的生態科幻小說《O區》（Paul Theroux, O-Zone），這個發生在疫區的故事裡，那兒的野餐者身著太空衣圍坐在公寓廢墟裡臨時拼湊的木頭餐桌旁。菜單看似開胃：麩質麵、荷蘭醬蘸白鮭、蝦醬、牡蠣球、龍蝦、蟹肉串、奶油煎肉、菠菜泥和不含酒精的酒。但這些全都裝在管子裡，必須吸著吃。「你不要讓它噴出來，」其中一人說道，「要用擠的太空食物全靠壓力。」室內野餐的高點則發生在西元一九六五年，當「雙子星三號」（Gemini 3）的首席太空人為了約翰・楊（John Young）偷渡到太空艙的一塊醃牛肉和冷卷心菜沙拉三明治而與其展開爭奪之際。人們企圖與地球食物保持著聯繫，但就在太空人維吉爾・格里森（Virgil Grissom）正要張口咬下的時候，三明治麵包散了開來，漂浮在整個無重力的太空艙內。美國休士頓太空總署（NASA）指揮中心簡短地建議太空人下次可以試試雞腿——這個歷史性的瞬間很有趣，也是人類在太空的第一次野餐。

只要一塊能鋪毯子的草地：
人們為什麼開始在戶外野餐？

不管在哪裡辦，野餐都是最為享受的戶外活動之一。
——伊麗莎白·戴維德，《夏日烹飪》(Elizabeth David, *Summer Cooking*, 1955)

　　人們認為只要在一片青翠草地上鋪了毯子吃東西就是野餐。但戶外野餐的可能地點何其多，而人們的選擇有時候還真是特別。只要野餐者有心，地點和運送都不是問題。野餐者需要的是方式和態度。野餐的地點包山包海，太冷太熱亦不構成阻礙，或許只會有所不便。某些野餐者合意的地點往往是另一群人的禁忌。只要是你說得出來的地方，大概都已經有人為了逃離屋內而去野餐過了：後院、屋頂、公園、海邊、河邊、沙丘、沙漠、森林、山上、飛機上、北極，甚至地球軌道上。至於如何到達也是樂趣之一，而任何交通工具都可以使用——徒步、騎馬、坐馬車、開汽車、搭火車、小船、大船、飛機和太空船。

　　到了二十世紀中葉，室內野餐在幾乎銷聲匿跡，而戶外野餐卻隨處可見。戶外野餐之所以興盛，是因為它能夠讓人們脫離平淡的例行生活。理想中的野餐應該唾手可得容易達成，它會發生在春天或夏天，某個風和日麗的日子裡，清朗的天空綴著幾朵雲彩，涼風輕拂過臉龐

並吹動了樹葉，樹上的幾隻小鳥正愉悅地唱著歌。這正是亨利・馬蒂斯的油畫作品《奢華、寧靜和愉悅》（Henri Matisse, *Luxury, Calm, Pleasure*）的野餐景象，亮紅色、金色和藍色的油彩描繪出了空氣的燦動，海面泛著光，而野餐者則閒適懶散。

　　並不關心野餐者如何旅行的美食作家抓準了時機，於是有關食物與教人烹飪的書籍淹沒了整個市場。他們在意的是野餐者已經到那裡了，已經在「戶外」了。由於方式、口味、地點、距離各異，所以食物

亨利・馬蒂斯，《奢華、寧靜和愉悅》（Henri Matisse, *Luxury, Calm, Pleasure*, 1904-1905），奧塞賽美術館（Musée D' Orsay），紐約格藍哥典藏（Granger Collection）提供。

和飲料也跟著有所不同。但一致的附註都是：野餐必須在戶外舉行。對詹姆斯・比爾德的《戶外烹飪》、伊馮・楊・塔爾的《戶外烹飪大全》（Yvonne Young Tarr, *The Complete Outdoor Cookbook*）和克蘿蒂亞・羅登的《戶外吃更好吃》，以及其他許多人來說，它是一個信仰的問題，總之，堅信人們必須離開家出去野餐，也算是英國對野餐史的一項貢獻了。「我們要出去野餐」這個句子如此平常，有誰想得到野餐在西元一八〇四年以前是指室內的餐宴。英國人約翰・哈里斯打破了語言上的界線，亦或環境上的界線，稱某次戶外餐為「野餐餐宴」（*pic nic dinner*）。只是這樣的轉變並未公開宣告，所以沒有引發評論。《知更鳥和雌鷦鷯的求愛、婚姻快樂和野餐宴會》再次在彩旗底下設了一個戶外婚宴，它就這麼自然而然地發生了，以致於沒有人抗拒這樣的語言錯置。在接下來的十年間，《知更鳥》一書的幾個版本都明確地將「野餐餐宴」設在樹葉茂密的棚架底下。至於在哈里斯之前為何沒有人作這樣的連結著實令人納悶，為此我們顯然應該好好地謝謝哈里斯。

當然戶外餐已有相當的歷史，但露天用餐卻無特定名稱。端看是發生在一天的什麼時候，它可以被稱為早餐、午餐或晚餐。羅馬人的「瑪琳達」只是一頓小吃。有些時候，這種露天餐宴和娛樂活動會有名字，亦或諸如「透透氣」這樣的同義字或會意詞，表明我們需要逃離拘束的住所和城鎮，走到戶外。有的時候「透透氣」只簡單地走去公園，這對英國護國公奧利弗・克倫威爾（Oliver Cromwell）來說是稀疏平常的事，他與「幾個紳士友人和僕人」移駕海德公園，「在那裡拿出他吩咐攜帶的幾盤肉；他辦起了他的餐宴」。英國日記作家山繆・皮普斯（Samuel Pepys）參加了一場類似野餐的「歡樂活動」（frolique）。為了參加這場在西

元一六六四年六月二十六日星期日舉辦的「歡樂活動」，皮普斯、他的妻子霍普和朋友打包了「上好的食物和飲品」，並出發到泰晤士河，悠哉地伐小船前往格雷夫森德。就在和許多人一同參與這野餐歷史的一刻時，竟遭降雨打斷了，他們只好濕淋淋地打道回府。雖然皮普斯的《日記》(Diary)在去世多年以後才發表，但它告訴我們這種外出遊玩的方式在當時已經極為普遍。

在「歡樂活動」式微後一百五十年，哈里斯的「野餐餐宴」開始有了穩定的趨勢，先是蹣跚行進，然後在它變成習慣用語後，終於流暢往前。它有獨特的發音，它適合於押頭韻——一種造成流行的有效方法，尤其見效於陳腐的詞句裡，例如perfect picnic, pleasure party picnic, perfect picnic party, perfect day for a picnic, perfect day for a picnic on the grass or in the country等等。因為這個字的意涵會讓人聯想到美好時光和歡樂，用它來表示幾乎所有的戶外餐會或聚會很是順當。隨著想要逃離都市化社區的心情越發強烈，野餐便令人想到悠閒地外出吃個方便午餐、開車到鄉下、去觀光——隨處都行。如果法國人具備更高的語言敏感度，他們一定會考慮擴充他們有關 pique-nique 和戶外野餐的概念。但他們抗拒這麼做，只要是到戶外從事英國人所謂的「野餐」(picnic)，他們就寧願用「活動派對」(partie de campagne)、「歡樂派對」(partie de plaisir)、「草地上的午餐」(déjeuner sur l' herbe)這些語詞來取代。英國人以十足的熱忱抓住了「野餐」這個字詞，但他們也經常使用它的同義字，例如「外出餐」(outing)、「郊遊餐」(excursion)、「吉普賽餐」(gypsying)、「流浪餐」(vagabonding)、「鄉村餐」(ruralizing)等等，不過「野餐」(picnic)仍是無法撼動的首選字。

英國詩人威廉‧華茲華斯（William Wordsworth）的妹妹桃樂絲在西元一八〇八年時還不太確定 picnic 的出處，但她知道那是一種戶外餐宴。她在一封給友人凱瑟琳‧克拉克森（Catherine Clarkson）的信中表達了她的愉悅以及知識的好奇心——

你以為在格拉斯米爾島的野餐會是什麼樣子呢？我們十九個人在進餐時碰到雷陣雨，在躲回湖邊的路上我們全被淋成了落湯雞。威爾遜一家都來了。威爾遜先生對我說，「我怎麼也不會不希望這場雨趕快下下來，就如同我怎麼也不會讓這十九個人不喧嘩，花一整天走遍全島，打擾那些可憐的綿羊。」順便問一下，「野餐」這個字是怎麼來的？我們溫德米爾湖的紳士幾乎每天都在野餐。

至於克拉克森如何回答我們無從知曉，但直到今日還是有許多人在詢問「野餐」這個字是怎麼來的，就如同你讀過的那樣，答案很模糊——沒有人真正知曉。

散文兼美食作家費雪在〈野餐的樂趣〉中明確地主張，「一場真正的野餐必須被帶離人類住居，而且必須保持簡單。帶上一塊麵包和一個蘋果，到戶外的任何地方享用會讓它吃來特別可口。但嚴格說起來，在陽台上，或是在天井，或是後院的菩提樹下舉行的話，並不算真正的『野餐』。」費雪堅持野餐必須是一場餐宴，是愉悅的，不喜歡它的人必須「馬上讓他離開」。當然她是開玩笑的，因為，如果你把她的話照單全收，可預見將有比你想像還多的野餐會被排除。不管怎樣，本著創意和恣意，野餐者可選擇任何他覺得適合的地點。通常一場在綠地

舉辦的野餐會有助於宣洩人類渴望回歸自然的慾望，於是草地或草坪，公園的矮樹叢或森林成為野餐最主要的地點。但其實任何地方都可以野餐，無論你是否像費雪一樣明確，無論你是否是美食作家，野餐者都必須有自己的主張。某些人可能會爭說家裡的花園或後院也很合適。但大家都知道每個野餐者都有其偏好和個人的好惡。所有的野餐可能在結構上相似，但偏好卻是很個人的。

作家兼美食作者勞里·科爾文起初並不喜歡戶外野餐；但後來她改變了心意。她在〈如何避免燒烤〉（How to Avoid Grilling）一文中宣稱「我不喜歡在戶外用餐。我想沒有一個正常人會喜歡」。若要到外頭用餐，她認為一個覆有帳幕的門廊，可以「避免蚊子、馬蠅和鹿蠅，還有大黃蜂、胡蜂的侵擾」，就很不錯，「如果戶外地點好到人們可以在那裡用餐，那麼蚊子、馬蠅和鹿蠅，還有大黃蜂、胡蜂必定也會喜歡那裡。我討厭沙土落到食物裡面，在我必須忍受的海邊野餐期間，我從不期待那兒的食物。」五年後，她有了一次到海邊的機會，見諸她的〈野餐〉（Picnics）一文，在她到地中海梅諾卡的巴利阿里島（Balearic island of Minorca）度假時，她敘述，一場野餐的「心靈」饗宴就是「微風、創新、充足的食物，讓吸飽新鮮空氣而胃口大開的人們得以大快朵頤一番」。

「野餐」這個字是如此普及，不拘時間和地點，難免經常在任何有食物和飲料的戶外聚會——尤其是那些和狩獵、運動有關，但不稱之為「野餐」的戶外餐會上，遭到錯置。戶外野餐之所以獨特，在於它在草地或鄉間進行時，極具宣洩淨化之效。自十八世紀初，人類身心重新燃起對自然的興趣終於開花結果。浪漫主義對自然的喜好打破了其真實與象徵間的藩籬，人們特意走到戶外（在野餐中）接受招待。這樣的

轉變亦即歷史學家喬治娜‧巴提斯康在《英式野餐》（Georgina Battiscombe, *English Picnics*）裡宣稱的，她認為野餐者是「高貴的野蠻人」。巴提斯康主張「英國」野餐者「崇尚簡單的生活，恰巧與十九世紀初萌發的觀光潮流及欣賞自然相符合。」巴提斯康的「除了屋頂之下的任何地方」這句話完美詮釋了「野餐者對於尋找正確地點的不安定想望，任何可能的地方，亦或任何可能吸引他們前去的地方都在考慮之列。」

　　草地上的野餐人人都會，但走向極端便會形成屬於個人化或特異選擇的野餐實例。美國科幻小說家雷‧布萊伯利在他的《火星紀事》（Ray Bradbury, *The Martian Chronicles*）完結篇〈百萬年野餐〉（Million Year Picnic）中虛構了一場在火星上的野餐。美國太空總署雙子星三號的成員將一塊醃牛肉三明治偷渡進他們的太空艙內，這是第一次的太空野餐。以地球為界的話，再怎麼極端也無法超越南極或北極的野餐盛會。耶誕老公公的即時網頁曾於二〇一二年報導，「耶誕老太太帶著一個野餐籃離開了極地。」做為聖誕節的玩笑。但下述事例就不是玩笑了，法國冒險家讓—巴蒂斯特‧夏古（Jean-Baptiste Charcot）的船——有何不可號（Pourquoi-Pas?），於一九〇九年的狂歡節「懺悔星期二」（Mardi Gras），停靠在南極的冰原上野餐。雖然南極的二月是夏天，但溫度仍低於冰點，夏古卻和他的船員調皮地塗紅了鼻子，身著異國服裝，即興地敲鍋打盤奏起了樂。若想從環境險惡的不明航程中暫時脫身，你就必須抒解受壓抑的緊張情緒和深度憂慮。美國極地探險家羅伯特‧培利（Robert Peary）在他往北極的長途跋涉途中，在華氏零下三十度的氣溫底下，自嘲地說道：「我們不喜歡野餐。」

　　西伯利亞人為了享受在華氏零下二十度低溫下的野餐樂趣，他們

會在大雪天開車到泰加針葉林的空地，辦一場下午餐宴。這種野餐方式是大衛・希普勒（David Shipler）在擔任《紐約時報》單位主管時收集到的一則難忘趣聞，他劈頭就說，「當西伯利亞人頂著零下五十八度的低溫無聊圍坐時，他們會做些什麼呢？當然是去野餐囉。」日子就在他和五位同伴魚貫坐進一輛蘇聯製的Gazik吉普車，顛簸地開上通往林中空地的泥土路時，有了一個好的開始。到了那裡，他們攤開一張《真理報》（Pravda）充當野餐毯。豐盛的食物包括有三種當地鮭魚、馬肉、麵包、蘋果、洋蔥、義大利香腸、茶、礦泉水、伏特加酒、義大利香腸切片、煙燻貝加爾白鮭和白鱒魚、厚片黑麵包、數塊微燻雄馬肉。日子就在野餐者考量周到地把伏特加酒撒進火堆中，作為獻給泰加針葉林的供品後圓滿結束。於是他們又魚貫地回到從頭到尾都未曾熄火的Gazik吉普車上。

在巴格達（Baghdad）溫度升至悶熱的華氏一百一十度之前，格特魯德・貝爾（Gertrude Bell）和包括費薩爾國王（King Faisal）在內的一群人，一大清早就到阿卡爾・庫夫（Aqar Quf）旁沙漠裡的磚塔廢墟野餐，他們做了避開沙漠熱氣的最佳選擇。貝爾在巴格達擔任英國高級專員的東方秘書（和間諜）期間，經常跟費薩爾國王一起去野餐。為了這次的郊遊，一行人早早出發，並在早上六點半吃早餐，這樣才能趕在溫度上升之前回到城裡。貝爾有時也會對野餐感到厭倦：「我們度過一段精疲力竭的時間，身體上和政治上皆然。就身體而言，天氣極端惡劣，它不特別熱，從沒有高過一百一十度，但難以置信地窒悶。」英國推理小說名家阿嘉莎・克莉絲蒂（Agatha Christie）也在沙漠中變得狂喜——她的沙漠野餐被稱為探險，利用一次與丈夫馬克思・馬洛溫（Max Mallowan）在敘

利亞從事考古挖掘的空檔，他們攀登至一千六百英尺高的卡威帕頂（al-Kawkab），克莉絲蒂的回憶錄《情牽敘利亞》（*Come, Tell Me How You Live*）誇說，當她被「快樂的巨浪」淹沒時，感覺到格外安祥與興奮。順便一提，野餐並未能美好地轉載到她的小說裡面，《死亡約會》（*Appointment with Death*）一書中說，那天「實在很悶熱。」

地勢的高或低，亦或氣候的熱或冷之極端範圍顯露了野餐者想要暫時脫離城市的勇氣和決心。有時候我們會對此感到困惑，英國文豪查爾斯・狄更斯為了工作離開倫敦就是其中一例，他到懷特島度假兼創作小說《塊肉餘生記》（Charles Dickens, *David Copperfield*）時就十分熱衷野餐。「我們又有了另一次野餐，」他寫道，「在我的明確規定之下；帶了升火材料和一個用來煮馬鈴薯的大鐵鍋。這些東西和一些吃食全都放在運貨馬車的地板上。」這樣的野餐，除了狄更斯拿來當作大衛邂逅朵拉的場景外，大概都是在少人注意的情況下度過的。野餐透過狄更斯的朋友，亦即《抨擊雜誌》（*Punch*）的諷刺漫畫家約翰・李奇的一個玩笑而成為一大笑料。〈一場野餐中哎喲聲的可怕真相〉（John Leech, *Awful Appearance of Wopps at a Picnic*）是模擬一隻大黃蜂發動攻擊而野餐者驚慌失措時可能出什麼錯的一幅悲劇漫畫。所有東西全都東倒西歪，人們四處流竄，英雄查爾斯・狄更斯站了出來，左手摟著他的太太凱瑟琳（Catherine），右手揮舞著一把餐刀。

西元一八五〇年，在麻州的大巴靈頓，美國作家赫爾曼・梅爾維爾（Herman Melville）、納撒尼爾・霍桑（Nathaniel Hawthorne）及友人在雨中的紀念碑山（Monument Mountain）野餐。這是一段輕鬆的一千六百英尺徒步旅程，而且基於某種考量，他們並沒有攜帶食物，只帶上愛希克

（Heidsieck）香檳和一個共用的銀杯。一路上散漫且不拘禮地啜著香檳酒讓他們到達山頂時都已微醺。野餐成為一場歡樂且原形畢露的奇怪宴會。梅爾維爾不顧危險地將身子探出邊緣，而霍桑則憂慮他們全會下地獄，最後梅爾維爾激動地說要把他的小說《白鯨記》（Mobydick）獻給霍桑。但霍桑他的日誌中簡短紀錄：「下山——也就是說，菲爾茲女士和珍妮·菲爾德小姐——菲爾德和菲爾茲先生——賀姆斯醫生，戴金克、馬修斯、梅爾維爾先生，亨利·塞奇威克先生——遇上了大雨。」後來霍桑以一場化妝野餐做為小說《快活谷傳奇》（The Blithedale Romance）的重點片段。不過梅爾維爾除卻一首關於內戰的詩作〈行軍進維吉尼亞結束於第一次馬納沙斯之役〉（The March into Virginia Ending in the First Manassas）外，並未善加應用野餐，詩中他拿戰爭與五月的一場野餐做對比。

從草地到河邊、山上或戰場都是戶外野餐。不僅一般人喜歡，連專業的美食和烹飪作家也不遑多論。他們通常會有些許差異和不同偏好，尤其在食物方面，但共同的主線永遠是戶外。所以詹姆斯·比爾德不僅將他的烹飪書命名為《戶外烹飪》，他還（難以置信地）把建造石頭火爐計畫納入書的內容：「這是一個你可以自己建造的火爐」，但他也說一個「可以儲放在你的野餐用車裡」的可攜式火爐也很好。至於對一場隨意即興野餐的較實際的建議是，「手邊有什麼就抓什麼往野餐籃一丟，」他呼籲野餐者「然後驅車或徒步前往一個你能夠想像得到的最原始的地方」並且「撲躺在草地或海灘上，全然地放鬆與放空」。他最後的一本書《宴客菜單》揭露了他對鄉下的偏愛：「鄉下的色彩和魅力會讓極普通的菜餚嚐來超級棒。隨便找個理由去野餐吧。在一個寒冷的冬天躲進車內，邊看著窗外耀眼的大地邊吃盒午餐配熱飲，也很好玩。」

「美好的環境」是利耶女士的《駕駛們的野餐》裡的關鍵詞，沒有人會因為太年輕或太老而無法享受在優美環境中野餐所帶來的簡單歡樂，此外也沒有其他更完美的方式可以用來消磨如此炎熱的日子了。海、河、丘陵、森林或田野皆有其魅力，這是令人完全放鬆的最佳途徑。」有著相同想法的愛麗絲‧托克拉斯和葛楚‧史坦在野餐途中停了下來，跑去採集花朵。寫在她的《愛麗絲‧托克拉斯的烹飪書》裡，托克拉斯興奮地說道：「我們會先在凡爾賽採集野花和紫羅蘭，在楓丹白露採集水仙花，在聖日爾曼的森林中採集風信子（蘇格蘭的風鈴草），然後再吃上以烤碎牛肉沙拉或碎雞肉沙拉製成的三明治午餐，或到附近的餐廳享用一頓較豐盛的午餐。

伊麗莎白‧戴維德書寫她自認已經上癮的戶外野餐。她在《夏日烹飪》的最後一章曾就此提出解釋，因為熱切地追求戶外用餐的歡愉，所以貼切地將其擺在最後一章，希冀能為這本烹飪書劃下完美的句點。雖然她到處野餐，但法國才是她心目中的特別地點，在她的《歐姆蛋與紅酒一杯》（*An Omelette and a Glass of Wine*）一書中，她直白地說明，野餐的最佳地點位於法國歐里亞克（Aurillac）的高處，那裡有「一片水域，神秘、寧靜、充斥著各種植物和鳥類並且遠離塵囂，銀色天空底下有一張似乎特別為我們準備的石桌。」在戴維德職業生涯的初期，她曾與作家諾曼‧道格拉斯（Norman Douglas）一起走進可以俯瞰歐里亞克的丘陵裡共享了一頓野餐：他用瑞士刀切割帶來的乳酪，然後他們停下來喝點酒。這是一次戴維德特別欣賞的即興午餐，但她後來卻比較欣賞那些有計畫的人，「就是確實做好準備到萬無一失的那種人，以及組織不可謂不周全但較不確實，並且假設任何東西都可以就地取材，然後利用隨手

撿來的木頭生火烹飪的那種人。」深受戴維德鼓舞的美食作家兼餐廳老闆愛麗絲‧沃特斯，除了戶外野餐外從不作他想。她的《帕尼斯小舍食譜》甚至用野餐菜單做為開場，以示對戴維德的崇敬之意，「因為她熱愛在戶外用餐。」

其他美食作家也跟緊了已成名前輩的腳步。「我認為的優良野餐，」尼卡‧黑澤爾頓寫於他的《野餐之書》，是「一個我可以在家先打包好，只需帶到選定的地點再打開取用的野餐。我討厭戶外烹調，我覺得戶外烹調既不方便又無聊。畢竟，我十分樂意為我的客人製作大量的美食，那我為什麼必須在這麼不方便的環境底下烹飪呢？」位於亞歷山大港外地中海邊的阿加密沙丘是克蘿蒂亞‧羅登憶起在一九三〇年代「城市居民外出到鄉間或小船上，他們通常往北走，在戶外田野上或河邊用餐」的地點。羅登的《戶外吃更好吃》是為「充分準備的野餐」所寫的，書中無論繁複還是非正式的野餐全都是戶外的。而最令她興奮不已的是非洲塞席爾島（Seychelles Island）的野餐，那裡宛若伊甸園：在原始森林裡，刺鼻的香料、辣椒和烤豬肉的氣味令她「頓時湧現喜悅」。

並不是每個人都熱愛戶外野餐。它的確不乏缺點：害怕下雨、黃蜂螫咬、螞蟻出沒、狂風打亂了餐位餐具的安排、狗吠叫個不停、同伴鬱鬱不樂等等。有些人認為那些事物難以避免又很可怕，完美的野餐不可得。諷刺作家洛根‧皮爾薩爾‧史密斯（Logan Pearsall Smith）筆下的一場與畫家華鐸（Watteau）所繪之「盛宴」（fête galantes）和「田野餐宴」（fête champetres）截然不同的精彩場景便是如此，是針對既濕又冷的英國野餐所做的細微觀察。就連對野餐缺少熱忱且毫不掩飾的伊麗莎白二世（Queen Elizabeth II）的已故妹妹瑪嘉烈公主（Princess Margaret）也認為應該廢止

戶外野餐，她在〈漢普頓宮的野餐〉（Picnic at Hampton Court）中寫道，「幾乎所有在英國的野餐都結束於路邊停車處，因為，令人絕望地，沒有人能夠決定去哪裡。」為了避免猶豫不決，瑪嘉烈公主寧可選擇在漢普頓宮國宴廳（Banqueting House）舉辦舒適的室內野餐。（果真如此嗎？）

　　歷史告訴我們，動物的滋擾對於證明野餐乃屬戶外活動的一種，產生了意想不到的微妙效果。對我們而言是螞蟻毀了野餐，但對螞蟻來說，誰叫你們要在戶外野餐。如果靜下來想一想，還真沒見過螞蟻或其他昆蟲打斷室內野餐或百樂餐的笑話。然而卻不斷有螞蟻、大黃蜂、蜜蜂、母牛、公牛、狂吠的狗和熊出沒的漫畫為野餐平添了喜劇平衡感，不過它們也只是調皮地消消歡宴的氣焰，並沒有嚴重到具有毀滅性。流言終結者和螞蟻詞源學家戴波拉‧高登的著作《螞蟻的世界》（Deborah M. Gordon, *Ants at Work*）認為，「根據觀察，哪裡有野餐，哪裡就有螞蟻，這個事實建立在下述的理解上，那就是只要出現野餐，總有一隻螞蟻潛伏著，隨時準備好動員牠的窩友。」原來如此──還真是有趣。

CHAPTER THREE

帶上一本好書去野餐：
藝術家眼中的皮克尼克

虛構的野餐及其食物，式樣多到足以應付任何情勢的需要。作家和藝術家先行假設每個人都知道野餐是怎麼一回事，因此任何野餐皆可重新塑造及定義，真實或象徵性地描出來，直白或曲折地加以處理，以為手邊的主題所用。

　　神奇的是野餐極具彈性且能迅速回復。它容易做自由聯想，甚至做反向思考。但它的本質卻強壯且深化，令人期待。愛爾蘭作家伊麗莎白・鮑恩的散文〈出自一本書〉(Elizabeth Bowen, Out of a Book)中認為若不論出處與其歷史淵源，野餐毋寧是一種隱喻：「不，失去純真，不僅是我們的宿命，也是我們的分內事，」她寫道，「一旦我們失去了它，就別想在伊甸園野餐。」這裡的「失去純真」聽起來不妙，恐暗指著性的墮落，但鮑恩其實反映出了閱讀的力量和它對想像力的影響。只要我們開始閱讀，鮑恩接著說，純真就丟失了──而野餐也就結束了。

　　創作者會將野餐這個主題應用在小說、散文、詩詞、繪畫、音樂、舞蹈，甚至雕塑上。只是藝術類型和表現方式或許有所調整改變。有近乎二十年的時間，畢卡索(Pablo Picasso)不由自主地嘗試將愛德華・馬奈的《草地上的午餐》(Édouard Manet, Luncheon on the Grass)重新創作於油畫布、紙或黏土上，後來挪威藝術家卡爾・奈沙赫(Carl Nesjar)更將其轉變成水泥裝置雕塑，擺放在斯德哥爾摩美術館(Stockholm Museum of Art)前的草坪上──現今，畢卡索和馬奈的《草地上的午餐》中野餐者呆坐在草地上吃著一頓沒有蘋果、櫻桃和牡蠣、食物或酒的野餐。

　　藝術家和作家毫不猶豫地跨越界線，自由應用起真實和虛構的野餐。在英國詩人阿佛烈・丁尼生的作品〈奧德利莊院〉(Alfred Tennyson, Audley Court)裡，野餐者的野餐籃裝滿了黑麵包、獸肉凍派和蘋果酒，他

們一邊吃喝一邊閒聊、唱歌並討論詩作中的古老愛情故事。因為它的開場白不乏人引用，使得讀者以為奧德利莊院真的存在。只要一想到研究者在劍橋附近徘徊，口中喃喃背誦以下詩詞，就令人覺得好笑：

牛羊滿布，又非談情說錢的地方。讓我們野餐去吧，就在奧德利莊院。

澳洲小說家瓊・林賽的《吊岩上的野餐》（Joan Lindsay, *Picnic at Hanging Rock*）或許是杜撰的，但人們卻不以為然，著魔似地研究林賽的故事以解個中謎題。不只一名的小說迷曾為了取得線索而研究吊岩，即使這場野餐已是發生在西元一九一三年的事了。

古斯塔夫・福樓拜在他寫有野餐殘渣的第一本小說《十一月》（Gustave Flaubert, *November*）出版後十一年，終於理解存在於現實生活和藝術間的可笑現象。福樓拜訝異他的藝術創作不知不覺地仿效起真實生活，他向情婦劉易士・科列（Louise Colet）解釋，「前天在圖克附近的森林，一處靠近噴泉的迷人地點，我發現一截雪茄煙頭和肉醬殘渣。有人曾在那裡野餐。我在十一年前的《十一月》也描寫過這樣的景象：雖然那全出於想像，不過卻在另一個日子真的發生過。每個人創造出來的事物都是真的，你最好相信。」野餐殘渣非常重要，因為它預示著男主角的自殺；破掉的酒瓶和斷掉的刀子則暗喻他的非野餐式態度（沮喪、不開心）。令福樓拜高興的是，遠早於他在真實生活中碰到之前，他已經創造出了這樣的野餐景象和隱喻。

沒有證據顯示生活會強迫自己來場虛構的野餐，但它們之間的確

存在著某種關係，而這類的意象在文學、藝術和其他創作媒介中隨處可見。諷刺的是，有時候你卻必須經提醒才察覺得到它。有大家都熟悉的一些知名野餐——愛德華·馬奈的油畫《草地上的午餐》、美國作曲家喬治·蓋西文的歌舞劇《乞丐與蕩婦》（George Gershwin, *Porgy and Bess*）、美國劇作家威廉·英格的劇本《野餐》（William Inge, *Picnic*）、西班牙劇作家費南多·阿拉巴爾的獨幕劇《戰場上的野餐》（Fernando Arrabal, *Picnic on the Battlefield*）、英國作家肯尼士·葛拉罕的青少年小說《柳林中的風聲》（Kenneth Grahame, *The Wind in the Willows*）。還有其他許多，包括華特·迪士尼的第一部卡通裡的米老鼠《野餐》（Walt Disney, *The Picnic*）和英國作家伊恩·佛萊明的最後一本青少年小說《飛天萬能車》（Ian Fleming, *Chitty Chitty Bang Bang*）。雖然野餐頻繁出現於各種藝術類型和媒介：散文、詩詞、戲劇、成人和兒童音樂；小品文與小說；繪畫、版畫和雕刻；電影與攝影——更有的是一些必須仔細搜索才能叫出名字的。這些野餐意象往往很普通，就像你可能會去參加的任何野餐。它們泰半洋溢著生活的樂趣，如法國攝影家亨利·卡地亞—布列松的攝影作品《馬恩河岸的星期天》（Henri Cartier-Bresson, *Sunday on the Banks of the Marne*）中，許多發胖的中產階級人士正在用餐，冷雞肉和麵包將他們的籃子塞得滿滿的，我想如果有什麼東西能夠激勵他們前往鄉間消磨時光的話，那就是食物和歡愉了。

有的時候野餐的意義會被故意表面化，企圖誤導大家。一些強調象徵和隱喻意義的虛構野餐，也會為了戲劇效果而故意翻轉預期。馬奈的《草地上的午餐》充滿了性的影像。英格的《野餐》其實是在寫一名少婦的性覺醒和她的誘姦。在海明威的小說《太陽依然昇起》（Ernest

Hemingway, *The Sun Also Rises*），釣魚旅程中的午野餐引發了一連串關於宗教信仰的討論。他與費茲傑羅（F. Scott Fitzgerald）的汽車之旅令人發笑。難以忍受的雨中野餐和他的自制力構成一段難忘的經歷，記錄在死後出版的回憶錄《流動的饗宴》（*A Moveable Feast*）。

野餐的樂趣也是威廉・吉爾伯特（William Gilbert）和亞瑟・蘇利文（Arthur Sullivan）的第一齣歌劇《泰斯庇斯》（*Thespis*）想要表達的一個重點——一開始他們就以反面手法將一場奧林帕斯山（Mount Olympus）的野餐搬上舞台，這場野餐因為「每個人貢獻出自己喜歡的東西」而告失敗。於是形成客拉列冰汽酒（claret cup，以紅葡萄酒、白蘭地、檸檬、蘇打水、冰糖、香料等調成的飲品）中只有紅葡萄酒（claret），但龍蝦沙拉裡卻沒有龍蝦。因為這樣的笑話你也曾經鬧過，所以覺得有趣。

 ## 少不了書本的野餐

「諾——他們要去野餐，」他小聲地自言自語。

「什麼？」

「諾——他們要去野餐了。」

「誰要去野餐？」廚師大聲地問。

——美國小說家史蒂芬・克萊恩，〈羞愧〉（Stephen Crane, Shame, 1900）

「世界各地的野餐餐宴皆大同小異，」安東尼・特洛勒普在小說《柏川斯家族》(Anthony Trollope, *The Bertrams*)中這麼寫道，「耶路撒冷的雞肉和沙拉吃法並無異於其他地方。」通常，特洛勒普幽默地指出，英國人並不在意到哪裡野餐，只要有食物就好。這麼一說也只為了故事效果。虛構野餐所供應的食物既不出奇也無創意。更別提具有異國情調了。食物和飲料都很普通，往往供應過量，幾乎總是特別強調虛構故事、詩詞、繪畫和其他媒介的意涵或意象。

瑪格麗特・米契爾的小說《飄》述說了位在南卡羅萊納州查爾斯頓(Charleston, South Carolina)的地方，於爆發南北戰爭的前幾天，為四月宴會所準備的兩份對照菜單。一份是為當地貴族準備的，宴客地點設在威爾克斯家的十二橡樹農場花園裡。另一份則是同時間要讓美國黑奴食用的，地點在別人看不見的穀倉後面。身為南方文明代表的威爾克斯家族展現了他們的財富和優雅。但將非裔美人的宴會藏在看不見的穀倉後面，是為了掩飾他們的明顯劣跡而故意為之的。米契爾似乎利用了這樣的雙重野餐來緩和奴隸的存在，但事實上它卻凸顯了美國劇作家西德尼・霍華德(Sidney Howard)在改編劇本《亂世佳人》(*Gone with the Wind*)中所關注的問題。米契爾描述的景象裡有幾張架起來的長桌，它們鋪了亞麻桌巾，並配有長凳和椅子，其他靠墊則散置在陰涼處。但布置優雅的餐桌無法去除燒烤爐的味道，從那裡「飄來烤肉醬和布倫斯威克(Brunswick)燉肉的味道」，也聞得到從穀倉後面飄來的味道，那裡的非裔美人正在烤玉米餅、煮蕃薯和豬小腸。郝思嘉很感興趣，當「脆皮鮮豬肉的味兒迎面撲來，郝思嘉讚賞地皺起了她的鼻子」。

電影《亂世佳人》(*Gone with the Wind*, 1939)中的野餐場景。米高梅電影公司提供。

　　普萊斯(Price)家族供應炸雞給比屬剛果小鎮當地非洲居民食用的時間約莫是在西元一九五九年的七月四日,可能是另一場野餐。根據美國小說家芭芭拉‧金索佛小說《毒木聖經》(Barbara Kingsolver, *The Poisonwood Bible*)裡的說法,奈森‧普萊斯牧師心血來潮,決定當復活節來慶祝。因為他需要餐宴,所以請求太太歐蓮娜和五個女兒幫忙準備一場教會野餐。歐蓮娜是機敏的南方婦女,她知道怎麼應用手邊的材料:雞,為了方便起見,她扭斷了牠們的頭,拔了毛之後下去烘烤,一如她在喬治亞州的做法。但除了烤雞外,沒有一件事情是照著計畫走的,無

論奈森牧師怎麼鼓吹，居民們就是拒絕受洗，因為河裡有鱷魚。女兒瑞秋是這麼回憶的，「這是一場喜慶的野餐，但絕非他想要的樣子，和救贖完全扯不上邊。」這場令奈森牧師毫無作為的變調七月四日復活節野餐顯現出了他的傳教熱誠，以及對現實的不確實掌控。

另一個迥異的場景則收編在美國美食作家加爾文·特里林的《吃吧！愛麗斯》(Calvin Trillin, Alice, Let's Eat)中一篇開飛機食物玩笑的短文〈搭全套服務飛機往邁阿密〉(Fly Frills to Miami)裡：故事發生的當時，特里林太太愛麗斯抱怨旅行費用太貴，加爾文為了節省費用，決定自購食物帶上從紐約飛往邁阿密的班機。原以為會因此省錢的「愛麗斯補償性現金流法則」，最後卻成了無比昂貴的即興暴食秀。饒有興趣地，特里林攤開他裝於小旅行箱的內容物：新鮮的魚子醬、燻鮭魚、香蒜生菜沙拉、咖哩蕃茄湯、蝦餡鯧魚、果凍、辣炒花蜆、萊姆蒔蘿蝦、蕃茄塞鱷梨沙拉醬、醃漬淡菜、肉醬拼盤、塞餡冷小牛胸肉、巧克力蛋糕、果仁糖乳酪蛋糕和義大利鮮草莓乳酪蛋糕、柑曼怡香橙干邑香甜酒(Grand Marnier)和普里尼—蒙哈榭白酒(Puligny-Montrachet)。當坐他旁邊的婦女傾過身來說，「你一定是位老饕，」特里林的玩笑又回到了原點。老饕和暴食者在野餐中並無差別。

虛構的野餐食物之所以特別，最主要是態度問題。你不能總當食物就僅僅是食物。因其不受限於真實生活的食物選擇，亦或必須考慮到節食、飲食癖好等因素，藝術家和作家可以利用他們的食物來訴說故事的含意或角色的內心世界。詳細列舉的食物可能看似無關緊要，其實它們自有其目的，或可深化各類藝術作品的內涵，或增添它的表面光澤。有的時候，你可能必須細查一場野餐後，才能品味出其不明

顯的意圖。有的時候，你會看到奇怪的混合物，它是設計來讓事物變得比原本的樣子更吸引人的。

想像你在加州大索爾（Big Sur, California）草地上望向海。再想像你的女主人是名偽善的怪人，一名無情的妖女，她要世界不被任何她自認是混亂不乾淨或肉慾的事情所侵擾──這就是科幻作家菲利普‧狄克筆下的野餐。在他的小說《天空之眼》（Philip K. Dick, *Eye in the Sky*）描寫出另一種平行於真實世界的形色生活，那裡有一個可以扮演神且能夠控制地球生活的人。位在風景如畫的加州大索爾小山坡上的野餐，實則是平行於真實世界的統治者艾迪絲‧普瑞契特（Edith Pritchett）的深層願望，她想要世界「美好」，免於冷戰、疾病和污染工廠的侵擾。她也提供上好食物──熟煮蛋、優酪乳、冷肉切盤、燻鯡魚、馬鈴薯沙拉、燉杏乾和香橙花茶。但她的拘謹排斥了愛情和性，也沒有足夠的香橙花茶讓你好好品嚐。野餐在普瑞契特把小山坡變成荒地，激動地摧毀了「空氣」，最後輪到了她自己後告終。

反之，普魯斯特（Marcel Proust）的野餐食物似乎就很普通且缺乏想像力。我們都知道瑪德蓮是一種小巧甜膩的糕點，但它卻在小說《追憶似水年華1：在斯萬家那邊》（*Swann's Way*）中扮演了極重要的角色，成為回憶的象徵。同樣地，在它的續集《追憶似水年華2：在少女們身旁》（*Within a Budding Grove*），普魯斯特提供了普通的食物讓讀者瞭解主角馬塞爾，那個曾經夢想著要吃瑪德蓮小糕點的小男孩之特質。他現在十六歲了，但野餐時仍喜歡甜點勝於三明治。「坐在草地上，」馬塞爾說，他和朋友「打開裝有三明治和蛋糕的袋子。我的朋友比較喜歡三明治，很訝異地看著我單吃一塊加有哥德式窗格糖衣的巧克力蛋糕，或一個

杏塔。那是因為填夾有乳酪或綠色餡的三明治對我來說，只是一種新奇的食物，不會引起我對過去的任何回憶，所以我一向不吃。」雖不清楚「綠色餡」是什麼，但你可以肯定的是馬塞爾尚不成熟，對食物如此，對於如何和年輕少女調情更是如此。

　　一個尋常的三明治在美國小說家史蒂芬・克萊恩的〈羞愧〉（Stephen Crane, Shame）短文中有了不同的地位量。吉米・普雷斯科特在廚子將三明治擺進一個工人午餐盒而非附庸風雅的柳枝野餐籃時，他感到羞愧。這是對於想望之事一個幽默的事例——吉米哭訴如果沒有什麼東西可吃的話，他就不能去野餐了，於是廚子以破紀錄的速度製作了鮭魚三明治：「好了，不要再哭了。我知道怎麼做了。」那時她剛好在炸午餐要吃的鮭魚丸子。還剩半罐的現成粉色魚肉就擺在她身旁的桌上。她邊嘟囔地「抓起一條麵包，用一把刀將麵包切成四片，每一片都像一本六先令的小說那麼大，她先大方地塗上奶油，再以刀尖插入鮭魚罐內挖出數團的鮭魚肉，將它們甩在麵包上抹平。然後像在擊鈸般，再將麵包兩兩壓在一塊兒。在她的心中，她無疑剛完成了兩個三明治。」從食物準備的觀點來看，這種烹飪方式值得讚賞。但從吉米的觀點，餐盒令他哀嘆，野餐更是一場災難；至於克萊恩的觀點，這無疑是一個小男孩學習長大成為青少年的最佳範例。

　　若從較寬廣的歷史脈絡中觀察，自十七世紀至今有足夠的證據顯示，野餐的食物意象被大量地做為趣味、諷刺或幽默之用，藉此豐富一段故事，闡明一個場景，強化一個角色，亦或提出以愛、戰爭、道德為主題的相關論據。野餐的模式隨處可見，它不斷地出現在「高級和低等」的藝術或小說中。以米格爾・德・賽凡提斯的小說《唐吉訶德》

（Miguel de Cervantes, *Don Quixote de la Mancha*）為例，「美連達」的戶外午餐購自附近的客棧。雖然食物很普通——冷兔肉、酥皮點心和酒——但對話卻值得注意，因為唐吉訶德與教規先生（the Canon）正在爭辯想像力和創造力的力量，後者確認想像力是有害無益的。

　　至於鮮少人關注的英國作家瑪麗・伊麗莎白・布雷登的小說《皇家山》（Mary Elizabeth Braddon, *Mount Royal*），有一場在康沃爾郡廷塔杰爾城堡（Tintagel castle, Cornwall）廢墟所在之小丘上的野餐。那個地方充滿了神話要素與歷史淵源，因為它是崔斯坦（Tristram）和伊索德（Isolde）相愛並被嫉妒的馬克王（King Mark）殺害的所在地，也是亞瑟王（King Arthur）成胎、出生的地方，於是許多詩人和作家將他們的故事寫成了詩歌和散文。布雷登筆下的野餐者知道他們在哪裡，他們在享用普通的雞肉和沙拉，喝著酒的時候，難免要談論起這些故事。儘管他們特別同情伊索德，但沒有人提議為她乾一杯。多年以後，佛德瑞克・阿胥頓所編寫的芭蕾舞劇《廷塔杰爾》（Frederick Ashton, *Tintagel*）就是以布雷登的小說做為基本架構的。他的道具中甚至還出現了一隻烤雞和酒。我們由喬治・普拉特・萊斯（George Platt Lynes）所拍攝的場景照片可以證明此事。

 ## 畫家筆下的野餐盛宴

　　通常，準備充足的籃子，東西都只會多不會少。像西班牙畫家法蘭西斯科・哥雅的油畫《曼薩納雷斯河邊的野餐》（Francisco de Goya, *La merienda a orillas del Manzanares*）、英國作家查爾斯・狄更斯的小說《匹克威克外傳》（*The Posthumous Papers of the Pickwick Club*）、美國畫家托馬斯・科爾的油畫

《野餐宴會》（Thomas Cole, *The Pic-Nic Party*）、愛德華‧馬奈的《草地上的午餐》和亨利‧卡地亞—布列松的攝影作品《馬恩河岸的星期天》都是以食物為重點的野餐，常見滿滿的野餐籃。這些作品的共通點在於使用大量的食物飲料來成就鄉間一日遊，以此獲得休閒、社交歡宴和滿足感。哥雅和狄更斯的作品表現出了幽默感，而科爾和卡地亞—布列松則是強調滿足感。

　　哥雅的油畫《曼薩納雷斯河邊的野餐》是一場由雞、沙丁魚、砂鍋

法蘭西斯科‧哥雅，《曼薩納雷斯河邊的野餐》（Francisco de Goya, *La merienda a orillas del Manzanares*, 1776），油畫，普拉多美術館（Museo del Prado）。Getty Images 阿古斯提尼（De Agostini）攝影。

菜、麵包、乳酪、蛋糕和多瓶酒組合而成的鄉下盛宴。場景原本是打算設在正式的皇宮宴會廳的，但哥雅擅自決定來場戶外餐宴，因為它最能表現野趣。它是社交的、歡宴的，並隱隱帶著一絲嘲諷的幽默感。同類型的油畫也可能描繪出諸如跳舞等其他鄉村樂趣，但這場戶外餐宴僅畫出野外用餐的場景。它繪有食物局部及幾位已吃飽或微醺，被稱為「莫友斯」（mojos）的花花公子。他們正在和一名攜帶一籃蘋果和橘子的「馬雅」（maja）──許是一名妓女調情。男士們為她的美麗而舉杯敬酒，但這名宴會中的婦女雙目下垂，不知是懶得理睬還是害羞。（總之，性暗示不可謂不尋常，若說起食物，情人間的野餐更是充滿了性隱喻。這屬於野餐研究的另一範疇，後文會再另行討論。）

查爾斯‧狄更斯在小說《匹克威克外傳》裡視野餐為一場玩笑。「可以吃的東西」則是對中產階級過剩的一種諷刺──他想要吸引的也是這個階層的讀者，所以他們馬上能夠體會狄更斯的幽默，並因此喜歡上他。在〈田野日與露宿〉（Field Day and Bivouac）一章中，山繆‧匹克威克和友人斯諾德格拉斯、溫克爾、特朗德受邀參加沃德爾家在他們的平板馬車上的午餐。好笑的是，設計為四人座的馬車必須坐八個人，因為過於擁擠，所以人人都得促膝而坐，女士們還必須坐在他們的大腿上，是你不想調情都不行的一個場面。有好多「可以吃的東西」，讓你以為沃德爾家想養一支軍隊。盛籃中滿是雞鴿肉派、舌頭、小牛肉、火腿、龍蝦、調料沙拉和酒，所有的東西都以標準餐具（盤子、扁平餐具、玻璃器皿等）食用，但這些餐具還必須要把戲般地擱在大腿上。交談的聲音還夾雜著假想戰的砲槍聲。爽朗結實的沃德爾先生神奇地一路上保持冷靜：

「現在我們必須緊靠著坐，」這位結實的紳士說道，在發生了擠壓到女士袖子的笑話，各式有關女士應該坐在紳士大腿上的建議所引起的臉紅後，整個宴會從四輪馬車上翻了下來；於是結實的紳士從胖小孩朱歐（為此目的才出現的男孩）手中接下東西搬回馬車上。

「再來，朱歐，刀和叉。」刀和叉遞了過來，紳士和女士們都坐在裡面，沃德爾先生坐在箱子上，每個人都裝備齊全了。

「盤子，朱歐，盤子。」同樣的程序也應用在陶製餐具的分配上。

「再來，朱歐，禽肉。他媽的這個孩子；他又跑去睡覺了。朱歐！朱歐！」（木條輕敲落在頭上，胖小孩有點困難地從睡夢中爬起）「快，把可以吃的東西拿來。」

在《匹克威克外傳》的第二次野餐裡，薩姆・韋勒（Sam Weller）對「威爾派」（weal pie）到底是什麼做了一番爭辯。爭辯就發生在狩獵野餐中，是在討論狩獵野餐時引起的。

就如同沃德爾家人的野餐加了四次菜都不皺一下眉頭一樣，家庭野餐通常會準備比實際需要還多的「可以吃的東西」。這種招待和分享的行為若不超量也要稱得上豐盛。有兩場相隔百年的野餐說明了這一點：托馬斯・科爾的繪畫《野餐宴會》和布列松的攝影作品《馬恩河岸的星期天》。科爾的野餐食物是美國社會凝聚力和富足的象徵，而布列松則無疑是法國中產階級日常生活的寫照。科爾的野餐計有家人、朋友和小孩約二十人參加，但布列松的野餐則只有兩對中年伴侶。二者都想要告訴你，戶外野餐需要許多食物和飲料。科爾的食物和飲料散置各處——數個裝有火腿、烤肉、雞、麵包的籃子及現煮的咖啡或茶，

托馬斯・科爾，《野餐宴會》（Thomas Cole, *The Pic-Nic Party*, 1846），油畫。©Brooklyn Museum / Corbis.

冷藏箱內有酒，還有一桶冰淇淋。

　　科爾在一次前往紐約卡茨基爾山高峰區（Catskill Mountains, High Peak）的真實野餐途中，他興奮地寫下他們打包了「各式籃子，內裝有女士們製作的許多好物，因為我們發誓絕不要在山上餓死。」這樣的熱情移轉至他的《野餐宴會》，便描繪出了對愉快人生的確信。布列松的作品較沒那麼個人化，他所呈現的是法國人生活的真實寫照，是他們在星期天的傳統作為：逃離工作並在戶外草地上吃起冷雞肉、麵包和酒。布列松捕捉住歡宴暫息的瞬間，照片中的肥胖野餐者舒適地分開坐著，專心致力在吃喝上面。

　　義大利畫家安東尼・卡拉奇的《有著浴者的風景》（Antonio Carracci,

Landscape with Bather）是一場年代久遠且不容錯辨的海邊野餐。我們從畫面中得知，野餐的酒和麵包十分充裕。一只裝有食物和酒瓶的籃子放置在一名穿著整齊的婦女旁邊，她以凝視和招手邀請他人前來一起分享她的野餐食物。在野餐的後方，裸身肌肉男像崎嶇岩層峭壁上的螃蟹般，歡快地奔跳著。這個景象或許蘊含了某種更深沉的意義，它如同愛德華・馬奈的《草地上的午餐》一樣，是有待探究的謎題。但二者最大的不同在於馬奈對食物的喜愛，擺放在藍色布塊上的雜七雜八食物，全都具有性暗示：酒、櫻桃、桃子、無花果、麵包、乳酪和牡蠣都是

愛德華・馬奈，《草地上的午餐》（Édouard Manet, *Luncheon on the Grass*, 1863），油畫。奧塞賽美術館（Musée D' Orsay）。©Corbis.

和性有關的象徵物。尤其牡蠣被視為春藥的一種，櫻桃和桃子則因其外形而暗指女體的某個器官，至於翻覆的籃子或許暗示著失身。據傳馬奈的《草地上的午餐》其實就是性約會（partie carrée），但油畫中唯一的確切證據是食物，它足以佐證為何那名裸體婦人會直視著觀者，挑戰他們，令他或她想入非非。無花果、櫻桃、牡蠣常被認為是催情食物，但或許它們的隱喻性大於實質性。

　　馬奈完成《草地上的午餐》後不到一年，瑪麗·伊麗莎白·布雷登的小說《醫師娘》（The Doctor's Wife）也出現兩場野餐，都企圖以精緻的食物和酒助長性誘惑。我們無法確定布雷登是否知曉馬奈的《草地上的午餐》，但她肯定知道古斯塔夫·福樓拜的《包法利夫人》（Madame Bovary），《醫師娘》主角伊莎貝爾·吉爾伯特（Isabel Gilbert）和愛瑪·包法利（Emma Bovary）一樣，不甘於嫁給無趣的醫生，於是她們接受了富有貴族的引誘。伊莎貝爾的誘惑從一場為孤兒舉辦的野餐開始，那次的野餐充滿了孩童所能夢想得到的各種食物和飲料。而它們所聚集的影響力對多愁善感的伊莎貝爾來說是有效的，點出了伊莎貝爾的膚淺個性的同時，也再次證明食物和性乃天生的一對。伊莎貝爾自認生性浪漫，想像自己生活在一個有「父輩橡樹」庇蔭，保護她免受「外面世界」侵擾的童話故事中，那裡自成一個「以野餐形式呈現的幸福極地」。為孩子準備的食物籃裡有大量的磅蛋糕、酥皮點心和餅乾，但大人的食物就要豐盛精緻多了：一根舌頭、兩隻雞、一袋鰻魚三明治、史帝爾頓（stilton）乳酪、馬德拉（Madeira）酒和發泡勃艮第酒，伊莎貝爾深受感動。在第二次的野餐中，伊莎貝爾的追求者蘭斯德爾（Lansdell）下了血本，以亮如高級瓷器偉奇伍德（Wedgewood）釉片的派皮做成的獸肉派、偎在荷蘭芹中

的成雞數隻、綴以蔬菜加工品的舌頭並雕成花形、如西班牙黑檀木般的精緻拋光約克（York）火腿、龍蝦沙拉和冷奶油雞凍、溫室葡萄、桃子、鳳梨等食物加倍誘惑伊莎貝爾。總之，這兩場野餐都暗指伊莎貝爾的通姦之路是以繁複的食物鋪就的，這些食物給了她一種如置身天堂般的感覺。一杯酒或許使得女人春情蕩漾，但布雷登的美食盛宴肯定會讓不成熟的年輕家庭主婦付出被引誘的代價的。

克勞德・莫內的《草地上的午餐》（Claude Monet, *Luncheon on the Grass*）試圖重新詮釋了馬奈那十五乘二十英尺的野餐巨畫。他從一八六四年開始作畫，但計畫延宕，且在一八六五年宣告放棄。根據藝術家喬伊・艾薩克森的《莫內：草地上的午餐》（Joel Isaacson, *Monet: Le déjeuner sur l' herbe*）所述，莫內想要以學院的水準完成一幅描繪中產階級社會的歷史鉅作。這幅未完成的畫作以三畫面構成。僅由油畫素描呈現出完整的作品。莫內在他吉維尼（Giverny）家中僅掛出中間部分。這面畫上有當時還不是他的妻子的卡米爾（Camille），她坐著端個盤子，如上菜般地往前遞過去。野餐布上滿是食物：一隻烤雞、一盤魚醬、一塊麵包、一堆雜亂的水果和數瓶酒。富足的景象違背了莫內在一八六五年的實際狀況，那年才二十五歲的他破產了。作品分割成三個畫面，野餐食物出現在中間的畫面。

根據克萊兒・喬伊斯的《莫內的桌子》（Claire Joyes, *Monet's Table*），莫內在西元一八八三年定居於吉維尼時對食物新鮮與否很挑惕，他在乎品質並堅持以鄉村方式優雅地用餐。在他的一些野餐中，家人是坐在野餐布上的；有時候家人也坐在野餐桌旁的板凳或椅子上用餐。兩者都以白色布料來擺放盤子、扁平餐具和杯子。而僕人們則小心翼翼。

莫內在吉維尼的備料充足的廚房會幫野餐準備釀蛋、豬肉晶凍、鴨或牛肉派、冷燴牛肉、麵包、葡萄、蘋果、蛋糕、栗子或蜂蜜餅乾、熱那亞（Genoa）糕、水果蛋糕、香檳或酒。

耽於海邊的《愛麗絲鏡中奇遇》作者路易斯‧卡羅（Lewis Carroll, *Through the Looking-Glass*）打算以幽默的手法翻轉對野餐的預期，故事中雙胞胎之一的特維德弟（Tweedledee）的詩作〈海象與木匠〉（The Walrus and the Carpenter）是關於蠢笨的年輕牡蠣們不聽老人勸告因而被騙上岸野餐的譏諷故事。當牡蠣沿著海邊行走時並沒有注意到帶著麵包、胡椒和薑的海象與木匠，於是牠們錯過了海象（含糊）的用餐邀請：

「是時候了，」海象說，
「有許多的事情要說：
說鞋子——和船——和封蠟——
說包心菜——和國王——
和為什麼海是滾燙的——
和豬是否有翅膀。」

「但稍等一下，」牡蠣們哭說，
「在我們開始談話前；
因為我們之中有些已經沒有了呼吸，
且我們都長胖了！」
「不急！」木匠說。
牠們都非常感激他這麼說。

「一塊麵包，」海象說，

「這是我們真正需要的：

除了胡椒和薑外

真的都非常好——

現在如果你們準備好了，親愛的牡蠣們，

我們可以開始吃了。」

　　就連不喜歡牡蠣的人也懂得這笑話。在卡羅的野餐中，《愛麗絲鏡中奇遇》的這段情節之所以受歡迎，不外乎是因為愛麗絲濫用了同情心

約翰·田尼爾插畫，〈「噢，牡蠣，」木匠說。〉(John Tenniel, "O Oysters," said the Carpenter.)，出自路易斯·卡羅，《愛麗絲鏡中奇遇》(Lewis Carroll, *Through the Looking-Glass and What Alice Found There*, 1871）。

和孩子的困惑：

> 「我最喜歡海象了，」愛麗絲說，「因為，你知道牠最不需向那些可憐的牡蠣說道歉。」
>
> 「可是牠吃的比木匠多，」特維德弟說，「你看牠用手帕擋在前面，這麼一來木匠就沒辦法算出牠到底吃了多少，反之亦然。」
>
> 「太卑鄙了！」愛麗絲憤怒地說道，「我最喜歡木匠了──如果他吃的沒有海象多的話。」
>
> 「但是他拿多少吃多少，」特維德弟說，
>
> 這下子可難了。躊躇一下後，愛麗絲又說，「好啦！他們兩個都不是討喜的傢伙──。」

以各種作品形式出現的特別野餐食物可見：法國畫家詹姆斯‧迪索的《聖日》（James Jacques Joseph Tissot, *Holyday*）、法國作家莫泊桑的〈羊脂球〉（Guy de Maupassant, *Boule de Suif*）、美國小說家尤多拉‧韋爾蒂的〈日光蘭〉（Eudora Welty, *Asphodel*）、美國作家威廉‧斯蒂隆的《蘇菲亞的抉擇》（William Styron, *Sophie's Choice*）及美國詩人瑪雅‧安傑洛的小說形式回憶錄《我知道籠中鳥為何歌唱》（Maya Angelou, *I Know Why the Caged Bird Sings*）。雖同樣具有野餐的本質，它們卻代表了不同的社會習俗和背景。

詹姆斯‧迪索的油畫作品《聖日》堪為英國維多利亞時期上流社會的野餐代表，畫中的一個家庭和朋友圍聚在明亮的白布旁邊。這個家庭的午野餐已經接近尾聲，所有人都進入了野餐的最後胡思亂想階段，在大家已經吃撐，卻還有甜點之際。野餐布上布滿了瓷器、扁

平餐具、一塊蛋糕、一大盤乳酪切片、一大盤葡萄、從鑲銀玻璃瓶中倒出的茶水及數瓶氣泡飲料。二十三歲的王爾德（Oscar Wilde）於西元一八七七年重新審視了這幅油畫，他不懷好意地指控，迪索的野餐者穿著太過正經，長相也普通，還坐在「醜陋，卻又十足現代感的蘇打水瓶」旁邊！拿著茶杯並望向天空的婦人或為卡瑟琳・紐頓（Kathleen Newton）──她是迪索的情婦，也是他喜用的模特兒。至於《聖日》這個模糊的標題也許取自「holy」與「holiday」的雙關用法，聊表有趣。

穿著隨意的野餐者吃著加了芥末醬的熱狗和從海邊攤販買來的蒸熟螃蟹，這就是美國畫家約翰・斯隆的油畫《南濱沐浴者》的主題。從那些微笑的臉龐看來，他們如果不是狼吞虎嚥也是快樂地大吃著。只要審慎觀察，你會發現某些諸如籃子、毛巾這類的野餐元素不見了。但關鍵是，這些隨性快樂的人們享受了一頓簡單的午餐，接下來也許還會從曼哈頓搭乘短程渡輪，順道欣賞一下紐約史泰登島（Staten Island）的海邊風光。

莫泊桑的〈羊脂球〉則對法國社會的虛偽和道德淪喪提出了批判。故事發生於西元一八七二年，法國被普魯士人打敗的那場戰爭期間。莫泊桑詼諧地地描述了一群為躲避普魯士人而逃離盧昂的不同階層旅人。起初沒有人注意到那位叫做「羊脂球」的胖妓女──伊麗莎白・魯塞，她裝了一籃子足夠三天馬車旅行吃的食物，從裡面飄出的味道無所遁形：

羊脂球很快地彎下身去，從椅子底下拉出一只覆蓋白色餐巾的大籃子。

她先從裡面拿出一個小陶盤和一只銀杯，再來就是一個裝有兩隻全雞剁成塊後所做成之肉凍的巨大盤子。籃子裡還有其他好東西：派、水果、各式精美食品──足夠三天份旅行享用，它們的擁有者完全不必仰賴路邊的小餐館。四個瓶頸突出於食物。她拿了一支雞翅，配著一根在諾曼地稱之為「雷根斯」（Regence）的捲子，開始優雅地吃將起來。

　　所有人的眼光投向她。空氣中瀰漫著食物的味道，令大家鼻孔放大，口水直流，下顎痛苦地收緊著。淑女們對這位不名譽女人的輕蔑越發凶猛起來；恨不得將她殺了，或將她和她的茶杯、她的籃子、她的儲備品丟出馬車外，丟到路上的雪堆中。

　　撇開她的職業不談，其實她有一顆善良的心，當她知道為何「所有目光都鎖定她」時，她把她的食物拿出來分享。在吃光了籃子裡的食物，羊脂球又為了其他人的安全而犧牲自己，成為普魯士官員的獵物之後，她受到了排斥。他們離開該地並繼續他們前往勒阿弗爾（Le Havre）的最後一段旅程，那些自私的旅客竟拒絕與羊脂球同行，或給予食物。過份的是，貴族和中產階級的無禮粗魯就這麼洋洋自得地顯露並辱罵出口。羊脂球哭了起來，科爾尼代這名左派份子便諷刺地唱起了大革命的《馬賽進行曲》，但他也沒有幫忙或給她食物。

　　總之蘇菲亞‧扎韋司妥司卡（Sophie Zawistowska），這名威廉‧斯蒂隆小說《蘇菲亞的抉擇》中可憐的女主角，她的身邊沒有一件好事。根據小說敘述者斯廷哥，野餐便成為蘇菲亞想要平抑奧斯威辛集中營裡悲慘記憶的一種儀式。如今她生活在紐約布魯克林，享有想吃多少就吃多少的基本權利，這種感覺讓自己又活了過來，而且獲得「感官上的極

度滿足」。敘述者斯廷哥寫道，這些個野餐是一種「愉快的遊戲」，蘇菲亞會前往布魯克林弗萊布許大道的某家「豪華熟食店」購買一份午野餐，好在野餐時享用。手握選擇權，站在櫃臺前面，給了蘇菲亞混雜過去深沉記憶的感官快感。有的時候，斯廷哥說，她在挑選一顆糟蛋、一片義大利香腸、半個裸麥粗黑麵包、一個貝果、臘腸、五香肝腸、沙丁魚、醃燻牛肉或燻鮭魚時，雙眼是泛著淚光的。將這些東西裝入紙袋後，她便邁步走進展望公園，找到小說中喜歡的那一段，邊看邊吃。斯廷哥稱它儼如是「一人遊園會」。

超量的野餐進食在瑪雅・安傑洛的小說化回憶錄《我知道籠中鳥為何歌唱》中被視為是社會團結與共享的一種徵兆。例行的「夏日烤魚野餐」就有一份「連講究飲食的羅馬人都會認同」的菜單。在阿肯色州斯坦普斯鎮（Stamp, Arkansas）舉辦的年度戶外活動裡，人人都帶上成堆食物，他們覺得食物越多樂趣越多、友誼越深，也更值得懷念。她提供的菜單包括：烤鱸魚、雞肉、火腿、燒烤豬排肉和雞肉、燻製牛豬肉粗香腸、熟煮蛋、馬鈴薯沙拉、醃酸黃瓜、中國鹹菜、巧克力、糖霜磅蛋糕、柳橙海綿蛋糕、椰汁巧克力層蛋糕、糖果棒、冰西瓜、可口可樂和淡白酒（琴酒或私釀酒？）。安傑洛認為這些食物是快樂和復原力的公開呈現，但隱藏於背後的則是一九四〇年代敵對的南方白人社會中，非裔美人必須忍受的深度焦慮和傷害。表面上，過量食物掩蓋了痛苦，而烤魚野餐更是一種暗喻，乃是安傑洛之所以將故事命名為《我知道籠中鳥為何歌唱》的源由。

就是這個烤魚野餐將美國作家羅克・布拉德福德的小說《老人亞當和他的小孩》（Roark Bradford, *Ol' Man Adam an' His Chillun, Being the Tales They Tell about the Time When the Lord Walked the Earth Like a Natural Man*）裡的非裔美人定了型。布拉德福德想要以自己發明的非裔美人方言重現舊約聖經的故事：故事始於一個隔離的天堂，在那裡，永遠帶著白色絨毛翅膀，如「天使」般的非裔美人聚集在一起辦了一場烤魚野餐，「上帝」（De Lawd）也來了，並發現「卡士達布丁」（boiled custard）不合口味。這本小說成為時代的標誌並深受白人讀者的喜愛，它在一九三〇年被馬克‧康內利改編成舞台劇《青草地》（Marc Connelly, *Green Pastures*），也在一九三六年被威廉‧凱利（William Keighly）和馬克‧康內利共同改編成電影劇本。這類種族主義就是安傑洛的《籠中鳥》一書中的「烤魚野餐」想要消除和導正的。一九三六年的白人讀者會接受這樣的刻板印象和種族污衊實屬必然，但如今《青草地》也應該被送進博物館了。

享受一場野餐假期

親愛的安布羅斯夫人（Mrs. Ambrose）——我正在籌備下個禮拜五的野餐，如果天氣許可的話，我們預計要在這天的十一點三十分出發登羅莎峰（Monte Rosa）。這需要花上一點時間，但風景應該很壯麗。如果你和凡瑞斯小姐（Miss Vinrace）能夠來參加這次的宴會就再好不過了。

　　　　　　　　　　——特倫斯・海維特（Terence Hewitt）敬上

——維吉尼亞・吳爾芙，《出航》（Viginia Woolf, *The Voyage Out*, 1915）

　　欣賞風景的想望，再加上野餐，那麼歡樂會更加令人懷念——詩人亞歷山大・波普（Alexander Pope）最先將兩者結合在一起，記載於一封被埋藏了兩百五十年之久的信件上。西元一七三四年，在寫給朋友兼愛人瑪莎・布朗特（Martha Blount）的信上，波普描述了他與查爾斯・莫當特（Charles Mordaunt），亦即後來的彼得伯勒領主（Lord Peterborow），在南安普敦納特利修道院廢墟的一次野餐。陪同的還有三名船員，其中一位負責午餐，他們跨島航行，「盛裝了滿滿的冷派、鴿子和火雞」、幾加侖的白蘭地、芳蒂娜（Frontignac）葡萄酒和紅葡萄酒。他們還帶了野芹菜沙拉，這種菜的根部可以加橄欖油和醋生吃。他們餓壞了，但他們先將廢墟巡覽一遍，因為波普要「找最佳的用餐地點」。波普想在廢墟裡

用餐，這樣可以避開蛇和蟾蜍的侵擾，但莫當特堅持在野外用餐。最後他們以倒下的柱子做為桌子，坐在斷掉的柱頭上用餐。他們是典型的英國野餐先驅，媲美深受法國人喜愛的畫家，諸如讓—安東尼·華鐸（Jean-Antoine Watteau）及其同儕所畫的狩獵野餐。但波普並未稱其為野餐，只說是一次觀光冒險中的午餐餐宴。我們只能說波普是這股行進緩慢，要在七十年後才達高峰的浪潮的一小部份。特別是在英國，在十九世紀初的二十年間，野餐終於引起注意，並且成為繪畫和散文的主題。畫家透納（J. M. W. Turner）和湯瑪斯·羅蘭森（Thomas Rowlandson）發現了它在風景畫中的潤飾價值。小說家珍·奧斯汀承認新奇的事物有助於社交，波西暨瑪麗·雪萊（Percy and Mary Shelley）、桃樂絲·華茲華斯也將野餐寫進他們個人的旅遊短文裡。

英國畫家透納在一八〇三年左右，開始將戶外餐（他從未稱其為野餐）畫入素描和油畫。他最初是在繪製水彩作品《日內瓦湖與勃朗峰》（Lake Geneva & Mont Blanc）時發覺了野餐的潛力，於是之後的整個一八三〇年代裡，便經常將野餐入畫。透納為操弄氣流的大師，而他的許多草地野餐景象裡通常看不見城市的蹤跡；有的時候地點就選在倫敦外圍的里奇蒙，亦或某個湖邊、水邊。它們當中有些優美細緻，如《英格蘭：里奇蒙山，親王的生日》（England: Richmond Hill, on the Prince Regent's Birthday），有些較歡樂，如《達特茅斯灣，水手的婚禮》（Dartmouth Cove, The Sailor's Wedding），也有即興隨意如《恰爾德·哈羅爾德游記》（Childe Harold's Pilgrimage）的。透納對觀光和地形藝術的關注更成了他度假、旅遊靈感和收入的來源。基於對野餐的喜愛，《南英格蘭海邊的如畫風景》（Picturesque Views of the Southern Coast of England）和《英格蘭和威爾斯的如畫風景》（Picturesque

Views in England and Wales）等作品也把觀光式的野餐畫了進去。

綜觀透納的整個藝術生涯，可以看得出來他是比較偏好歡樂野餐的。賽勒斯・雷丁（Cyrus Redding），這位陪同透納遊覽德文郡的友人，陳述了透納在「英國伊甸園」野餐的趣聞，透納為野餐提供了「大量的冷肉、帶殼海鮮和酒。在那個愉快的地方，我們消磨了一個的美好夏日時光。沒有任何在英國伊甸園的宴會能帶給我們更多的社交愉悅了。而透納這個對事情總是貶多於褒的人竟完全同意我的看法。」

以野餐來強化視覺趣味效果最早出現在透納為兩幅早期作品《男人野餐餐宴》（*Party of Men Picnicking*）及水彩畫《日內瓦湖與勃朗峰》起稿的素描中。他或許是出自於自身的興趣，亦或，在某種程度上，是因為發生在一八○二至一八○三年，眾所周知的野餐社團醜聞而作的。透納可能讀過（有誰沒讀過）愛爾蘭作家奧立佛・高德史密斯的小說《維克菲德的牧師》（Oliver Goldsmith, *The Vicar of Wakefield*），並且看過湯瑪斯・羅蘭森（Thomas Rowlandson）為這本小說所繪製的野餐景象插圖及他的地形畫作《倫敦里奇蒙大橋》（*Richmond Bridge, London*）。

從羅蘭森所描繪的泰晤士河退潮時的沙地野餐顯示，這是當時很受倫敦人歡迎的一種觀光旅行。他們會僱一艘船到里奇蒙大橋，並趁潮水退去後在寬廣的沙岸上野餐。羅蘭森的人物，不論何種階層，都很醜怪可笑。他的工人階層野餐者緊緊挨坐在一起，快樂地狼吞虎嚥。透納為同一景象所作的《薩里郡的里奇蒙山丘與橋》（*Richmond Hill and Bridge, Surrey*）則畫了在寒風中享受時光的中產階級。

事實上，景象的幽默所在為——人們逆著風跑，一個男人在追他的帽子，一把沒人要的陽傘。藝評家約翰・拉斯金（John Ruskin）非常喜

歡這幅作品，是他擁有的第一幅透納油畫。當時的名稱為《有著野餐餐宴的里奇蒙山丘與橋》(*Richmond Hill and Bridge, with a Picnic Party*)的這幅畫作呈現出了休閒與工作的差別。在透納一八七八年的畫展中，拉斯金替此畫下了《遊玩》(*Play*)的副標題，並將描繪工業城達德利的另一幅油畫命名為《工作》(*Work*)。拉斯金顯然十分瞭解休閒的價值，更何況去野餐如果不是為了玩樂，還能為什麼。透納的野餐總是快樂的，而他也從實際觀察中繪出了《從德文郡埃奇克姆峰看普利茅斯碼頭》(*Plymouth Dock Seen from Mount Edgecumbe, Devonshire*)及《德文郡普利茅斯（埃奇克姆峰）》(*Plymouth Devonshire〔Mount Edgecumbe〕*)的歡樂景象。索恩伯里(Thornberry)記得

透納，《薩里郡的里奇蒙山丘與橋》(J. M. W. Turner, *Richmond Hill and Bridge, Surrey*, 1828)，紙、雕凹版畫。

透納曾經這麼談論過這些畫，「如果我們在星期天待著不動就不會看到比這個更好的事情了，還好我們不可能不動。」

在這些主要畫作當中，《英格蘭：里奇蒙山，親王的生日》是在草丘上舉辦的公園宴會，從西邊往下望，你可以看見泰晤士河在午後的明亮天空下，幻化成為綠色景觀中令人驚嘆的粼粼閃亮長條。透納有意將風景中的野餐當做英國黃金時期的一種象徵，故而引用了蘇格蘭詩人詹姆斯·湯森的詩作《四季》（James Thomson, *The Seasons*）〈夏季篇〉（Summer）的「快樂的不列顛尼亞！」（Happy Britannia！）這句話。所以《恰爾德·哈羅爾德遊記——義大利》（*Childe Harold's Pilgrimage-Italy*）的野餐可連結到拜倫的詩作《恰爾德·哈羅爾德遊記》第四篇（Byron, Canto IV）及其詩句——「喔，美麗的義大利！／你藝術化了世界的花園，家／所有藝術創作品，及自然能賜予的。」透納也許有讓你聯想起義大利的心思，但它的場景其實就位在泰晤士河谷，連《英格蘭：里奇蒙山，親王的生日》都運用了相同的景觀。法國畫家克勞德·洛蘭（Claude Lorrain）的《有舞者的風景》（*Landscape with Dancing*），又稱《艾薩克和瑞貝卡的婚禮》（*The Marriage of Isaac and Rebecca*），算得上是此類透納畫作的前身了，只不過洛蘭表現出了理想義大利的整體樣貌，而透納卻喜歡針對特定重點。至於讓—巴蒂斯·卡米耶·柯洛（Jean-Baptiste Camille Corot）的《那不勒斯附近的風景》（*View Near Naples*）似乎就兼具了洛蘭和透納的特色。總的看來，這些油畫都含有野餐特質——平凡的人們在快樂如伊甸園般的風景中悠閒地跳舞、唱歌、吃喝。

透納從沒停止作畫，野餐也不時出現，通常它的作用是為了增添地形景象的趣味和生動性。一個結合了透納個人回憶和風景的快樂景

象出現在透納的畫作《梅爾羅斯修道院》（*Melrose Abbey*）裡，它記錄了一次由蘇格蘭作家沃爾特・司各特（Walter Scott）負責導覽的旅遊。就畫作裡的地形景觀而言，特威德河（River Tweed）上方的山脊迫使河流以長長的S形流經城市，流向遠方的雲霧中，而在入雲處遠方的梅爾羅斯修道院依稀可見。司各特和透納十分中意這個地方，所以選擇至此處野餐。那時候的司各特正為病所苦，靜謐的景觀和平靜的野餐使得這幅畫作宛如一張死亡之圖（memento mori）。而梅爾羅斯修道院在地貌上和氣氛上也起了畫龍點睛之效。然不過藝評家菲利普・吉爾伯特・哈默爾頓（Philip Gilbert Hamerton）批評，令景色失焦的齷齪野餐毀了梅爾羅斯修道院。

珍・奧斯汀曾到南安普敦納特利修道院參訪，並以它為創作《諾桑覺寺》（*Northanger Abbey*）的雛形，而那一次的造訪可能還包括一次真正的野餐。總之，她的首次文學野餐，出現在小說《理性與感性》（*Sense and Sensibility*）裡，是一場觀光式的「愉快宴會」，「為了要去觀賞離巴頓約十二英里遠的一處好地方」所以最好帶上一份「冷的食物」同行。而更值得注意的是小說《愛瑪》中到薩里郡盒山一日遊的「野餐遊行」，該處是極受歡迎的私人觀光景點，提供了全方位的視野，可以俯瞰五百六十英尺下薩里郡的綿延山谷。

奧斯汀的書中人物並不是最先在盒山做此類野餐的人。喬治・蘭伯特（George Lambert）在西元一七三三年就曾畫過《薩里郡的盒山景色》（*A View of Box Hill, Surrey*），他以一群正在欣賞景色並觀看農夫收割的野餐者來生動整個畫面。「喝」通常是野餐不可或缺的一部份，男士之一指著一個打翻了的酒甕，暗示著他們重喝不重吃。在珍・奧斯汀的《愛瑪》裡，愛瑪・伍德豪斯前往盒山的野餐之行算不上不愉快，但天氣炎

熱且交談出乎預料地沉悶。此行最後竟掃興收場，而且當愛瑪因為不堪忍受遭到挖苦而羞辱貝茨小姐時，她是多麼不好意思呀。每位奧斯汀迷都會背誦愛瑪對倒楣的貝茨小姐的反駁。愛瑪後來道歉了。奈特利，愛瑪的追求者因為這次的對話而責罵愛瑪，所以她是帶著宛如參與謀殺案般的極大社交痛苦離開盒山的——她覺得傷心抑鬱。從另一方面來說，盒山看去的視野或為「極佳的視野」；但它未曾被適當地描述過，更像從沒到過此處一樣。食物則以一句模糊的「冷的小吃」帶過，這是個令人驚訝的訊息漏洞，因為奧斯汀經常在信件中提到食物。瑪姬‧布拉克與迪爾德麗‧勒‧費伊的《珍‧奧斯汀食譜》(Maggie Black and Deirdre Le Faye, *The Jane Austen Cookbook*)及瑪姬‧連恩的《珍‧奧斯汀與食物》(Maggie Lane, *Jane Austen and Food*)均提供了一些與她相關的食物訊息，但我們還是希望奧斯汀能自己站出來說明。

　　詩人威廉‧華茲華斯的妹妹桃樂絲是一位有觀光癮頭的人。大家都知道，她曾於西元一八〇八年在格拉斯密爾湖(Lake Grasmere)野餐過，但當她寫到攀頂英國最高峰斯可斐峰(Scawfell Pike)的旅行時，她稱其為一次的遠足。這篇她唯一公開發表的〈一八一八年十月七日遠足登上斯可斐峰〉(Excursion Up Scaw Fell Pike, October 7th, 1818)描述了為時三小時的步行景象，這段行程由當地導遊主導，並由他負責安排駄馬攜帶的食物。我們無從得知他們到底吃了什麼。不過桃樂絲最感興趣還是景色。她在山頂上說道，「我們在夏季溫暖的氣候下用餐。……我們停了下來聆聽，但四周一片寂靜，聽不到一絲聲響。我們身處的地方已經遠高於斯可斐峰大瀑布聲響所能及；在溫暖的空氣中，聞不到任何的蟲鳴聲；這份寂靜似乎非人間所有。」諷刺的是，這個時刻因導遊的一

聲吆喝而中斷，他催促一行人快走，好避開即將到達的暴風雨。這篇文章桃樂絲收於《遊湖區指南》(*Guide to the Lakes*)，它的讀者可能早已理解在山頂上用餐就是野餐。但桃樂絲決定不使用這個字詞。就在湖區景象逐漸受歡迎時，野餐的要素也紛紛出現：英國建築師托馬斯‧阿羅姆(Thomas Allom)的《從蘭代爾峰望向威斯特摩蘭郡的落弓》(*View From Langdale Pikes, Looking Toward Bowfell, Westmorland*)是為《北方之旅：七十三個湖光山色的景點》(*The Northern Tourist: Seventy-Three Views of Lake and Mountain Scenery*)所作的插圖，或許也可以權當桃樂絲的「遠足」插圖。阿羅姆圖中的野餐者不顧遠方正在醞釀的暴風雨，悠哉地在一處長草的懸崖邊欣賞風景。在美國，納撒尼爾‧威利斯(Nathaniel P. Willis)和威廉‧巴特利特(William H. Bartlett)合著了一本《美國風景，或大地、湖與河：大西洋邊天然景色圖說》(*American Scenery, or Land, Lake, and River: Illustrations of Transatlantic Nature*)。其中有幾個野餐的景象，而巴特利特的《麻州聖軛山風景》(*View from Mount Holyoke〔Massachusetts〕*)特別引人注目。美國人預計出版一系列圖像風景書，不讓深受歡迎英國的圖畫書專美於前，在霍利奧克山(Mount Holyoke)上的野餐更直逼透納的《英格蘭與威爾斯的如畫風景》。托馬斯‧科爾於西元一八三六年完成了下述景象，並命名為《在一次暴風雨之後，麻薩諸塞州北安普敦，霍利奧克山的風光──牛軛湖》(*View from Mount Holyoke, Northampton, Massachussetts, after a Thunderstorm─The Oxbow*)──但在景象裡少了野餐地、一間賣飲料的店家和野餐者。

觀光結合野餐有時頗能巧妙地激發靈感。景色氛圍的衝突給了波西‧雪萊和其妻瑪麗‧葛德文(Mary Godwin)一個開端，他們以為自己在「世界最孤立的地方」野餐。其實他們身處熱門的觀光點，就在盂坦弗

特（Montanvert）的阿爾卑斯山蒙特維冰河（Mer de Glace in French Alps）。他們將其寫進《六週遊記》（History of a Six Weeks' Tour）這本輕率的旅遊札記裡，除了知道其為波西的詩作〈勃朗峰〉（Mont Blanc）及瑪麗的《科學怪人》（Frankkenstein，或稱《現代的普羅米修斯》〔the Modern Prometheus〕）的靈感來源外，應該沒有人還記得它。之所以造成他們不愉快的原因是稍嫌險惡的天氣，他們在抵達觀景點後被冰海嚇住了。波西公開地聲明，「四周盡是陡峭的山巒，無情的冰霜，將這片景觀團團圍住：周圍堆積著老高的冰和雪，並顯露出可怕的切口。」他們最後終於開始野餐時，波西就事論事地說他們在草地上用餐，「在被種景象圍繞的野外。空氣清新刺骨。回程下山的時候，我們時而被駕車的水氣所包圍，時而因陽光光束的照射而雀躍，終於在七點抵達我們入住的小旅舍。」瑪麗印象深刻並且厭惡這樣的反差，但這個景象卻成了難忘的印象，運用在她的小說《科學怪人》第九章中，裡面的維克多寫道，「自然界的可怕和可敬景象總是能夠端正我的心靈。」但是野餐就這麼被忽略了。（可憐的維克多・弗蘭肯斯坦似乎從沒享受過休閒的一天。）

你也許會說，在壯麗和騷動中，波西和瑪麗冒了生命危險上山。但那其實只是一次平常的旅行，有嚮導、馬匹，甚至有因應天氣突變之用的堅固臨時小屋。卡爾・路德維希・哈克特（Carl Ludwig Hackert）在西元一七八一年蒙特維冰河風景畫中描繪了一群輕鬆的野餐者，他們在傘下悠閒地觀賞宏偉風貌的景象。幸好哈克特的場景是在八月的大晴天，正可為詩和小說多增添一點光彩。雖然波西和瑪麗的行程發生在七月的某個悲慘日子，但透過野餐的啟發，他們為自己的想像力充了電，將真實的地方和事件轉化成了詩和小說的一部份。

狄更斯寫在《遊美札記》(*American Notes for General Circulation*)裡的，亦即南伊利諾州的大草原之旅，則是較舒適的觀光行程且能夠撫慰人心的野餐。他想要看看廣袤的北美大平原，所以有了這次的遠足要求，但如此廣大如此平坦的大地，卻令他感到些許失望。此景激起了他對英國景色的依戀：「它不是個該被人遺忘的景象，」他記錄道，「但（無論我從哪個角度去看）都不是我該懷念的那種。」對狄更斯而言，大草原的景色是壯麗的，但絕非地球上最荒涼的地方。他並不覺得厭煩，在坐下來用餐時，此次遠足有了幾分俄國作家契訶夫（Chekhov）的莊嚴之氣。那是他所喜歡的「平常」（plain，有平原之意）的野餐餐宴：「烤禽肉、（白煮或煙燻的）水牛舌、火腿、麵包、乳酪和奶油；餅乾、香檳、雪利酒；加有萊姆和糖的潘趣酒；還有足量的粗冰。」他事後諸葛地評論，「餐點很可口，招待者親切又幽默。自此之後，我經常思及那次愉快的餐宴，在後來幾場離家較近，與幾個老友的聚餐當中，總會不由自主地想起大草原上的那些友伴。」

有的時候觀光難免被一些垃圾玷污。伊莎貝拉‧璐西‧博兒就對喧鬧的野餐者和野餐垃圾有所怨言。做為一個勇敢的旅行者，博兒遊遍全美國並寫下《英國女人在美國》(Isabella Lucy Bird, *The Englishwoman in America*)。除了尼加拉大瀑布（Niagara Falls）那次外，博兒的旅程絕大部分都是興高采烈的冒險。起初她被這個美國瀑布嚇住了：「我離開車上並走下斜坡到懸崖邊；我把我的朋友給忘了，他們約我到旅館共進午餐──我什麼都忘了──因為我正看著尼加拉大瀑布。」但瀑布在加拿大的那端（她稱其為不列顛端），魅力和興奮輸給了廉價和俗麗，她用「破了相」來形容這種情形，「離我站立的地方不遠處，一些野餐人士可笑地

在調情嬉鬧著，他們喝著香檳和汽水，把雞骨頭和桃核往懸崖下丟。」博兒為了這些粗俗的野餐者那麼容易就破壞了尼加拉大瀑布的壯觀風貌而生氣。她的看法純屬美學上的批判，但野餐垃圾說明了野餐者的麻木不仁多麼容易玷污美麗的景象。

　　要是你瞭解俄國文豪契訶夫這個人的話，你就知道每場依其意志安排的野餐都不會有好結果。小說《決鬥》（Anton Chekhov, *The Duel*）裡的野餐當然也不例外。因為景色不被認同，於是拉耶夫斯基應朋友薩莫伊連科的呼喚來加以關照，他這麼回答，「啊，那些可惡的山！」……「我真的討厭它們。」總之，最後到了黃昏，野餐者終於在營火旁坐了下來，他們分享了魚湯、麵包和酒，「抱著宗教的莊嚴情懷吃下它們……只有在野餐時才會這麼做。」契訶夫的書中人物總是先淺嚐快樂然後再失去快樂。在契訶夫的宇宙裡，是沒有任何事情——就連野餐也不例外——能夠快樂太久的。他甚至也抱怨現實生活，「我們已經度過一段溫暖的下雨時間，但夜晚很宜人。在一俄里（a verst，約三分之二英哩）外有一處適合游泳和野餐的地方，不過我卻沒有時間去游泳和野餐。我要嘛咬著牙繼續寫下去，要嘛去當個木匠和工人來解決微不足道的經濟問題。」契訶夫提出的對比極具喜感，但卻只能引來一聲無趣的「哈」！

　　最快樂的野餐和觀光乃是英國小說家伊麗莎白・亞寧的自傳小說《伊麗莎白和她的德國花園》（Elizabeth von Arnim, *Elizabeth and Her German Garden*）中動人的冬季野餐。那是一場位於可眺望波羅的海的陡岸上，帶有印象主義色彩的「生活之樂」野餐。雖然已是寒冷的一月，周遭均被皚皚白雪掩蓋，女主角伊麗莎白仍希望能好好地享用為自己的生日所舉辦的這次野餐。那片從長滿青苔的松林中突然鋪展開來的海景令她驚喜

不已。黃色海岸線為藍海鑲了一道眩目的金邊，幾艘張著橘色船帆的小船在海面上拖曳而行。伊麗莎白和朋友在雪橇上讚賞過這樣的景色後，接著開始準備餐點：「我使用野外專用的小器具熱好了湯。」她說，「還可以順道幫三明治去去寒氣，──這是冬季野餐唯一令人不快的部分，那種濕冷的食物品質，在你最渴望吃到滾燙的東西時最令人難以忍受。」她幽默地透露，「裹著大毛皮草和羊毛手套吃三明治是世界上最困難的事了，你吃進去的毛比任何東西都多，而且很容易噎到。」有些人會走得遠遠的去尋找離家的樂趣，但她的丈夫（被稱作憤怒先生）因為痛恨野餐，所以從未曾陪伴她參加這類旅遊。

英國作家福斯特最著名的小說《印度之旅》（Forster, A Passage to India）裡有一場算得上是批判社會不公的故事中最重要的野餐。它講述的是一個在馬拉巴山（Marabar Hills）的印度教石窟觀光探險故事。打從一開始就諸事不順，那一天發生了一連串的誤判和感覺錯誤，結果導致恐懼、爭吵和不由自主的害怕──一場大混亂。當時的狀況很煩悶：穆爾女士打著哈欠稱讚阿齊茲醫生，因為「他排除萬難促成了我們這次的野餐」。諷刺的是，她的說法乃一刀兩刃；阿齊茲是排除了麻煩沒錯，但也製造了麻煩，而這個麻煩的結果令人極度不快──野餐沒有了。

事件一開始就因為有客人錯過了火車而觸了霉頭。接著他們必須從昌德拉普爾（Chandrapore）搭火車到馬拉巴山，為了避開炎熱的白天，只好早早在日出之前就開車。奎斯迪和穆爾的早餐是在廁所烹調的水煮荷包蛋和茶，她們覺得盛情難卻才勉強吃了下去。在馬拉巴火車站，阿齊茲已經（花了很多錢）安排好一頭大象好搭往山上。每一個人都很害怕，一個僕人滑落象背，掉進了大象底下的安全網。奎斯迪和穆爾大

為震驚。他們在一處有蔭的地方備妥了野餐——一張排好盤子、扁平餐具、玻璃杯的桌子及一把張開的陽傘。器具已開箱取出。於是莫名地又來上一頓水煮荷包蛋、土司麵包、麥片粥、羊肉片和茶的早餐。奎斯迪和穆爾深感疑惑，但阿齊茲誤以為「英國人總是吃個不停，且在正餐準備好之前，他最好每兩個小時就餵她們一次。」因為肚子不餓，兩名女士猶豫了，於是他又錯誤解讀成「他的好意竟這樣被看待。」進到石窟後果然很不舒服，裡面漆黑一片，聞起來又有一股惡臭味。阿齊茲是回教徒，所以不太瞭解印度教，故而也不是個好導遊。得了幽閉恐怖症的穆爾，在用完午餐後先行離開，只剩奎斯迪不情願地跟阿齊茲回到石窟裡，就在阿齊茲離開她去抽煙的當兒，一陣恐慌襲來，她慌亂地從石窟內跑下山坡。無法理解的阿齊茲並沒有去追她，而是直接回到穆爾那裡。他們爬上大象，返回車站並登上如長串棺材般的火車。回到昌德拉普爾後，阿齊茲的麻煩才真正開始，他被控企圖強暴奎斯迪。他被捕入獄。現實生活、文學或藝術裡，幾乎從沒有野餐會導致如此悲慘的個人災禍。奎斯迪謊稱她是強暴受害者，而福斯特卻藉此反控英國人正在強暴印度人。阿齊茲說，「這場野餐無關英國和印度；它是朋友之間的探險。」不過他從一開始就錯了，而且當事情越來越糟糕時，他們也沒有嘗試導正，最後就變成了一次沒意思的可怕野餐。

英國作家維吉尼亞・吳爾芙化解了小說《出航》(Virginia Woolf, *The Voyage Out*)裡的一次觀光野餐衝突。雖然景觀環繞，野餐者也很開心，但吳爾芙卻對她與未來的丈夫李奧那多・吳爾芙(Leonard Woolf)之間的關係，以及她喜歡女性的傾向感到沮喪。為了壓制內心的紊亂，吳爾

芙求助於幻想；這本著作的氛圍很正向，不僅野餐者全都快樂地嬉鬧，甚至還出現了有關螞蟻的社交笑話。艾倫小姐丟下她的三明治叫了出來，「我全身佈滿了小動物。」真的，「那條石堆和廢墟之間聳出的冰河爬滿了傾巢而出的螞蟻大軍——都是些巨大且身體發亮的棕螞蟻。」野餐者急忙跑過來幫忙，他們有如置身戰場：「桌巾代表遭受侵略的國家，他們沿著它的四周以籃子築起了路障，到處豎起了酒瓶，麵包做成堡壘並灑上食鹽壕溝。只要有螞蟻通過，就會暴露在麵包屑的火海裡，蘇珊直呼這太殘忍了，並賞給勇士們舌狀的戰利品。」與螞蟻作戰變成一場遊戲，令人卸下了良善社會的禮節儀態。派諾特先生拍掉了伊芙琳脖子上的螞蟻，而艾略特女士偷偷地告訴桑伯里女士，「如果真有一隻螞蟻跑進內衣與皮膚間的話可不是開玩笑的」，當窺視癖者偷窺到蘇珊‧瓦靈頓和亞瑟‧威寧開心地擁抱並親吻時真的很尷尬。總的來說，各個角落都瀰漫著好興致。他們在蒙特羅薩（Monte Rosa）的山頂展開一條桌巾，鋪在廢牆下的避風處，然後享用帶來的冷雞肉、三明治、酒、水果、香蕉和茶。行文至此便象徵性地來到了故事的最高潮，再往下竟滿滿的都是失望。在真實生活中，吳爾芙寫到這裡的這個時間點曾企圖自殺；「生命不是一場野餐」，她的女主角瑞秋‧文生就沒那麼幸運了，吳爾芙恢復寫作後不久，便讓瑞秋藉著一場熱病辭世下台。

上路吧！開車去野餐

福特汽車賦予你無限的機會，讓你每天都能外出到新地方
——來一場晚野餐，或來一回清涼的夜晚兜風，享受一下
鄉村的氣息和造訪朋友。
——福特汽車（1925）

早晨天剛亮，我等待著（他們答應要開車來拜訪我），為自己和
即將展開的今日編織了一個令人陶醉的畫面，我們開車越
過了鴿藍色山丘，來到一片森林地，在那裡我會和理想的
人兒碰面，和他們在老樹的樹蔭底下好好地享用一餐。
——英國作家洛根・皮爾薩爾・史密斯，〈理想者〉，《更多的瑣事》
（Logan Pearsall Smith. "The Ideal," *More Trivia*, 1921）

　　當汽車成為首選運輸工具之後，野餐也跟著改變了；首先，它是
最方便的旅行運輸模式；再者，汽車帶動了大量野餐烹飪書的出版。
因為我們早已經視這種連結是理所當然，所以乍看之下還令人感到訝
異。這樣的連結是歷史上的必然——朱利安・佩蒂弗和奈杰爾・特納
的《汽車狂：人與車》（Julian Pettifer and Nigel Turner, *Automania: Man and the Motor
Car*）只粗略關注野餐與汽車之間相互影響的證據。華特・迪士尼則不
然，事實上從最初始的米老鼠卡通就偏愛汽車，而且視其為去野餐的

唯一交通工具——影片《野餐》就是其中的典型代表：米奇、米妮和布魯托開了一部敞篷車到鄉下去，他們展開一張毯子，拆開包裝取出食物和一部留聲機，就這麼度過一段美好的時光。即便下雨，他們也一樣快樂地熱情歌唱。

二十世紀初的時尚達人葛瑞絲‧瑪格麗特‧古爾德於西元一九○五年寫了一篇名為〈汽車野餐〉（Grace Margaret Gould, The Motor Picnic）的文章，宣告一個公開的事實：「汽車的影響無遠弗屆。現在就連老派野餐也被捲進了它的漩渦，被賦予了新的流行風貌。」在此同時，美國作家伊迪絲‧華頓（Edith Wharton）正開著她的波普—哈特福特（Pope-Hartford），穿越麻州西部的伯克希爾山（Berkshire Hills）。她與她的車有一段愛恨交織的關係，因為它經常熄火。華頓常在友人亨利‧詹姆斯（Henry James）的面前拿它開玩笑，把「汽車」比擬成與喬治桑（George Sand）結束愛情關係的阿爾弗雷德‧德‧繆塞（Alfred de Musset），他的病況正是令風流韻事熄火的原因之一。但這顯然阻止不了華頓去野餐，她開了一部有足夠空間可以綁上帶蓋食物籃的可靠賓士車，在英國和法國等地野餐。這種帶蓋食物籃亦即山繆‧貝克特（Samuel Beckett）在劇作《等待果陀》（Waiting for Godot）中所稱的「旅遊籃」或「食品籃」。

約莫在西元一九○九年的某個時間，美食作家詹姆斯‧比爾德繼續他「可能的首次汽車行」，前去俄勒岡州波特蘭（Portland, Oregon）參加野餐。「我們開一輛大型旅行車，」比爾德在回憶錄《快樂與偏見》（Delights and Prejudices）中如此寫道，「對大家來說，這真是令人興奮的一天，因為在車上野餐相當少見，而且帶一籃食物離開城鎮可是一大冒險，我特別記得這次的野餐，由於它是一時興起，所以增添了不少的樂趣。」這

個愉快的經驗證實了偶發性的威力，比爾德後來成為美食作家，並寫了四本野餐烹飪書。

隨著汽車產品的增加和價格的下降，社會各個階層都用得起汽車，進行當天往返的旅遊和觀光，而且這還是首本野餐烹飪書出現前不久的事。這可奇怪了，野餐已經如此普遍，卻沒有人，無論是法國人、英國人、西班牙人或義大利人，想到要書寫關於野餐的烹飪書。美國人最先開發這個被隱藏的市場，但不久後英國人就迎頭趕上了。不過汽車的出現的確攪動了想像空間：第一本針對汽車市場的烹飪書是琳達・赫爾・拉尼德的《一百個野餐建議》（Linda Hull Larned, *One Hundred Picnic Suggestions*），雖然書中的標題沒有提到開車，但內容分為兩大部分：「一般野餐籃」和「汽車專用帶蓋大野餐籃」，第一部份是為了四處可見的普通野餐者寫的，第二部份是寫給駕駛人。受到「實用性」和「負擔能力」提升的鼓舞，拉尼德提供了食譜和建議，但缺乏詳細的討論、實用的提示或深入的指導說明。她的建議很隨便，不過卻也得出無論開車與否，野餐一定要在戶外舉行的推論。拉尼德假設她的烹飪書是寫給上層階級看的，她預期他們都是老饕。

至於更露骨的上層階級要屬阿格尼斯・哲基爾了，她為《倫敦時報》所寫的時髦美食專欄，後來集結出版為《廚房物語》（*Kitchen Essays*）一書。其中的一篇〈冬季汽車郊遊午宴〉建議帶一個裝有蘇格蘭式肉類蔬菜湯、包餡鮭魚捲、大量香甜熱葡萄酒和熱咖啡的「午餐籃」。在哲基爾書寫開車野餐的同時，位於英格蘭約克郡的爵衛汽車公司（Jowett Car Company）刊登了一個結合汽車和野餐樂趣的廣告。一九二〇年問世的這幅廣告畫繪有一個家庭正聚集在他們的爵衛敞篷車旁的草地上野餐。

廣告除了直接將物質和精神兩個世界——爵衛汽車和野餐——連結在一起，還標榜觀賞並感覺「自由」的大自然：「你可發現到紫色鳶尾花正沿著河岸盛開嗎？」「你在帶有香氣的松林旁野餐的同時，可曾看一眼天空嗎？」自由與野餐的緊密連結事後證明的確能打動人心。紐西蘭作家凱瑟琳・曼斯菲爾德（Katherine Mansfield）於西元一九二〇年作客蒙同（Mentone）期間寫信告訴友人，「我們到群山中野餐，搭著車子旅遊了一整天。」情節和廣告如出一轍。曼斯菲爾德言簡意賅地說明了這些一日遊的野餐活動，因為汽車的普及而得以實現。這麼平凡的一段話卻證實了在所有運輸模式中，就屬汽車最方便。

五年後，福特汽車進一步將戶外郊遊和社交娛樂相結合。這次的廣告是為了推銷一輛價位訂在大家付得起的兩百九十五美元的一九二五年份旅行車，它宣稱會為開車者帶來一個機會，「讓你每天都能外出到新地方——來一場晚野餐，或來一回清涼的夜晚兜風，享受一下鄉村的氣息和造訪朋友。」福特汽車並沒有提到食物和飲料，它的價格也不包括野餐籃在內，但廣告場景設在鄉下的路邊市場，畫面出現裝有香瓜、南瓜及許多東西的籃子。不出所料地，梅伊・索思沃思所出版的《開車者的午餐書》（May E. Southworth, *The Motorist's Luncheon Book*）與福特的品牌推銷同步搭上這股熱潮，使得上述二者間的連結更加明確。她激動的程度會讓你誤以為她是汽車產業代表，「人們對於廣袤戶外的熱愛隨著每一部新車的到來而遽增。」索思沃思寫道，「友善的路上招手，可靠的汽車煞車聲，還有令人難以抗拒的戶外呼喚，讓你想著要去從事少自幾小時多至一天或一週的任何事情。……」這本小書原先並不是定位為食譜，它無非只想減輕一點那些負責裝填歡樂食物籃的人

之負擔。因為「有誰聽說過開車的人不是餓著肚子抵達的呢？」因為結合了開車者的野餐，美食作家利耶女士在她的《駕駛們的野餐》裡得意地承認，書裡面的食物並非專為開車者設計而只是挑選一些自己喜歡的。因為開車當道，所以她認為大概沒有人會在意她的食物選擇；無論如何她告誡開車者，吃完後要記得清理乾淨。「看到鄉間被紙袋和空瓶給破了相，著實叫人沮喪，」她寫道，「還毀了將野外野餐視為一大樂事的人們的興致。」

　　一種和典型汽車野餐相關的變種活動，亦即所謂的「尾門野餐」（tailgating）越來越受到歡迎──它基本上是一種將車子停在體育活動地點，然後在車子旁的野餐。英國人的體育活動包含了賽馬或軍事演習。威廉・鮑威爾・弗里思（William Powell Frith）的油畫《德貝賽馬日》（*The Derby Day*）或為作品中群眾最多的藝術品之一。根據弗里思的估算，埃普索姆葉森賽馬場（Epsom Downs）上的吸引力不如馬車停車場。亨利・詹姆斯曾於德貝賽馬日到過埃普索姆旅遊，並在旅遊短文集《英國風情》（Henry James, *English Hours*）中提及這種混亂場面。詹姆斯以他一貫的敏銳寫說群眾非常活躍，特別是在中午吃飯時間，每輛馬車的車頂都形成了一幅野餐景象。德貝就從這一刻起開始敗壞了。我以一個觀察者的身份環視我的四周，尋找最具特色的形式。整個活動，相對於我之前常說的過分拘泥之死板，真的是dégringolade（法文有「垮了」之意；英文則為「急遽的衰落」或「情況惡化」）。寒酸的行人在車子間穿梭，仰望著那些高高地坐在車頂上頭的幸運者，好幾盤龍蝦沙拉在那裡輪流傳遞著，開香檳酒的軟木塞聲響劃過了空氣，彷如太空中的流星。

　　在你的馬車裡或馬車旁的許多野餐當然不只有沙拉龍蝦和香檳而

已。說句大白話，馬車野餐對詹姆斯和狄更斯來說，如同尾門野餐者眼中司空見慣的汽車、卡車和休旅車野餐一樣普通，只差尾門野餐多在體育場館停車場的柏油或水泥地上辦理。電視卡通劇《辛普森家庭》（The Simpsons）裡的荷馬·辛普森認為尾門野餐是「人類的最高成就」。他告訴兒子霸子：「從停車場的黎明起，人們就已經開始尋找能夠填飽肚子的食物和酒，並等著看其他人運動。」

　　停車場野餐的魅力強行侵蝕了草地午餐的成果。它滿足了戶外活動無法與各類機動車脫勾的數百萬人，這些人將整個廚房塞進他們的車子內，包括電冰箱、烤肉架、煙燻鍋和爐子。食物也反映出了運動的陽剛特質——美式足球、賽馬和賽車等。肉類凌駕一切且香氣逼人。前美式足球員約翰·麥登（John Madden）相信豬後腿肉最受歡迎，「在每一個我到過的停車場都看得見它的蹤影。」麥登與美食作家彼得·卡明斯基（Peter Kaminsky）合寫的《約翰·麥登的終極尾門野餐》（John Madden's Ultimate Tailgating）多是肉類菜單的建議，它們通常需要密集的事前準備工作及較長的烹飪時間，然後別忘了再配上大量的冷啤酒。主廚馬利歐·巴塔利在《納斯卡風格》（Mario Batali, NASCAR Style）一書中的建議就顯得較多樣化，也需要細心繁瑣的事先準備及小心的烹調。巴塔利不免憂心粉絲們在缺乏專業廚房的幫忙下該怎麼烹調，所以他的基本要求只有一個炭烤爐和「一個小心挑選的工具箱，內裝有各式平底鍋、碗和烹煮用具。」因為食物需要細心照料，所以尾門野餐者鮮少加入運動活動。體育場館內有簡單的現成漢堡與熱狗就近供真正看球的饑餓粉絲們食用。

　　一旦爵衛和福特汽車起了頭，其他汽車製造商也跟著吹捧愉快的

汽車野餐：雪佛蘭（Chevrolet）、奧茲摩比（Oldsmobile）、納許（Nash）、林肯（Lincoln）、雷諾（Renault）和束光（Sunbeam）等。雖然其中許多製造商現在已經沒在運作了，但野餐依然盛行。而福特汽車似乎也擄獲了葛楚·史坦和愛麗絲·托克拉斯的忠誠，她們成為福特汽車和汽車野餐的終生推動者。史坦和托克拉斯於第一次世界大戰期間在巴黎定居後，一部福特汽車便成了她們出城晃晃的工具。她們的計畫是準備一份午餐，打包，然後開車前往未經計畫過的地點享用。她們從未停止過野餐，西元一九二八年的六月二十八日，史坦寫了一封信給朋友說道，「這裡有一張我在我最後那部福特汽車裡的照片。真遺憾亨利（那台福特汽車）無法像我一樣地證明美國是現代文明之母。不過能在一部福特汽車裡愉快地用餐真好。」史坦和托克拉斯對待野餐路線也和對待她們的福特汽車一樣嚴苛。史坦是永遠的司機人選；她們的車子通常取了女性名字：「波琳阿姨」、「戈黛娃夫人」；她們最常吃的野餐是三明治，正好反映出了兩人當時的經濟狀況。

正當史坦和托克拉斯開車穿越法國西部的同時，海明威也和史考特·費茲傑羅開車從里昂前往巴黎。他們在路上有一場移動式的餐宴，它是海明威《流動的饗宴》的喜劇亮點。這趟旅行發生於西元一九二五年的春天，當時費茲傑羅請求剛結識不久的海明威陪同他，搭乘無頂的雷諾汽車做一次三百英哩的旅行。由於海明威的手頭緊，所以費用由費茲傑羅支付。費茲傑羅心中的一頓午餐是松露烤春雞、麵包和多瓶馬貢（Mâconnais）葡萄酒，海明威為此覺得丟臉，因為他付不起這個費用。他們起先還覺得搭這種無頂車很有趣，但雨水一陣陣地下來後，他們全都淋濕了，還必須在樹下或地方咖啡店吃東西。海明威寫說午

餐餐點很棒，但他也暗示還好有那些酒，否則這趟旅行簡直是一場災難。過了許久，他反思後已經能夠幽默地寫道，「如果我們有防水外套的話，在春雨中開車也很快樂。」總之，海明威坦率地承認這「不是一次為容易生氣的人所設計的旅行」。

快樂的汽車野餐在美國四處流行開來，它在大蕭條時常被急於證明人們仍享有快樂時光的政府拿來大肆報導。羅素‧李的攝影《七月四日在俄勒岡州韋爾的家庭野餐》（Russell Lee, *A Family Picnic on the Fourth July at Vale, Oregon*）儼然是一幅美國生活的視覺檔案，它呈現出了一個中產階級家庭坐在其汽車旁的景象。

這個家庭形成一個簡潔的單位，並描繪出了一場標誌性的野餐。父親和母親坐於腳踏板，而四個小孩則坐在草地上，大家圍著一塊野餐布，上面擺了用商卡（Sanka）即溶咖啡紙箱裝盛過來的食物。餐具是便宜耐用的瑪瑙彩紋陶盤。約莫在此同時，瑪麗昂‧波斯特‧沃考特的照片《佛羅里達州薩拉索塔之薩拉索塔拖車公園的客人與其家庭、鄰居小孩在海邊野餐》（Marion Post Wolcott, *Guests of Sarasota Trailer Park, Sarasota, Florida, Picnicking at the Beach with their Family and Neighbor's Children*）記錄了人們如何流連在他們的一九三八年份龐帝克汽車（Pontiac）旁而不願走出去探險，野餐者忍受著低於常溫華氏七十度的寒流，他們裹著外套戴上帽子，不畏寒冷地擺好桌椅，攤開一條毯子鋪在沙地上，然後拆包取出他們的器具。

二十年過去了，美國人依舊在他們的車子旁野餐。羅伯‧法蘭克開車橫跨美國大陸，在《美國人》（Robert Frank, *The Americans*）系列攝影作品中刻畫出汽車與野餐間的深刻整合。《加利福尼亞州格倫代爾的野餐地》（*Picnic Ground, Glendale, California*）是一張年輕情侶在他們的車子前面悠閒野餐

羅素・李,《七月四日在俄勒岡州韋爾的家庭野餐》(Russell Lee, *A Family Picnic on the Fourth July at Vale*, Oregon, 1941)。國會圖書館提供。

的照片。他們身穿泳衣坐在浴巾上,意味著他們正在水塘或湖邊,照片上並未看見任何野餐籃、食物或飲料。野餐者只是彼此擁抱或依偎在一起,聽著從開著門的帕卡德(Packard)汽車內傳來的收音機廣播。此時距離爵衛汽車的廣告已有三十年,法蘭克想要告訴我們,野餐者之所以不經意地接近他們停放的汽車,顯示出汽車、野餐和停車場是不可分的。

　　汽車與擁有者之間的關係是如此緊密,因此會產生一種帶來慰藉和愉悅的親密性及自在感。對於野餐的那份情感反覆出現在推理小說家阿嘉莎・克莉絲蒂少見的詩作〈野餐〉(Agatha Christie, Picnic)裡,暗喻著

過一種極好的享受生活。這篇作品雖然要到克莉絲蒂七十歲，健康日漸走下坡時才發表面世，卻被鄭重地收入她的《詩集》（*Poems*），做為最終篇。不尋常的是，一貫走奢華風隱居生活的克莉絲蒂，為她的「完美野餐」挑選了一條忙碌的道路：

> 隨時都有成百的車子呼嘯而過，
> 陽光和雲朵在上頭！
> 在路旁邊吃著下午茶
> 是我喜歡的一餐。

何止是一時間的慰藉和愉悅──是你過得好才會期待的一種汽車野餐。

另一方面，純粹出於奇想好玩，保羅・包樂斯（Paul Bowles）和詹姆斯・修勒（James Schuyler）的表演作品《野餐清唱劇：四女聲、二部鋼琴及打擊樂器》（*A picnic Cantata: For Four Women's Voices, Two pianos, and Percussion*）為敘述開車到鄉間野餐的不接續趣味系列作品：期間影像跳動，話語重複，直到野餐結束才心滿意足地清潔整理開車回家：

> 沒有蕃茄醬和車子
> 我們不能去野餐。
> 你有車嗎？
> 你就在我的車上。
> 是的，我們都在。

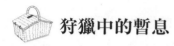 # 狩獵中的暫息

如果我們肯定吃在生活環境當中的價值，那麼大多數人無疑也會同意在狩獵中暫息，因為唯有如此才有辦法長時間不倦息地持續下去。

——薩瓦蘭，「沉思十五」，〈狩獵中的暫息〉（Meditation XV, Haltes de Chasse, 1852），費耶特‧羅賓森（Fayette Robinson）譯

　　有個值得一提的證據可以證明第四世紀的羅馬人和二十世紀的英國貴族一樣，都喜歡狩獵餐或狩獵中的暫息，法國人則叫做un repas de chasse（狩獵餐）和haltes de chasse（狩獵中的暫息）。之所以不稱它為「野餐」的理由很紛雜。英國人在西元一八〇六年以前，在他們幾乎把所有的野外餐都稱為「野餐」之前，並沒有替這種獵人餐命名。而在英國人真正把「野餐」這個字詞據為己有，並且意識到它在戶外比在室內好玩之前，法國人也都避免稱任何和戶外有關的事物為「皮克—尼克」（pique-nique）。

　　出自於第四世紀中晚期，有著狩獵者在野外用餐紋飾的羅馬狩獵銀盤乃是狩獵野餐始於羅馬時期的一個歷史明證，這只賽弗索和塞斯納（Sevso and Cesna）銀盤顯示狩獵者在野外用餐是極為盛行的習俗。學者凱瑟琳‧鄧巴賓（Katherine Dunbabin）將其視為野餐，因為沒有更好的字

眼可以來形容這種景象了。她寫道,「野外用餐當然在太古之前就有了,」但第四世紀的富有羅馬人利用這種機會來展示他們的好客和財富。這樣的習俗十分盛行,而且狩獵餐隨處可見,其中最知名的為皮亞扎阿爾梅里納西西里的鄉間莊園狩獵餐,之後便逐漸式微,一直要到富瓦公爵加斯通三世的狩獵專書《狩獵書》(Gaston III, the Count de Foix, *The Book of the Hunt*)面世,才又亮眼重現,它在書裡被稱為「集會」(assemblée)。「集會」的圖示和文字闡明了那不是一種休閒式的餐宴,而是用來討論白天狩獵的實用性工作會議。它的景象極類似野餐,如果不熟悉狩獵禮節的話,可能會誤以為那是一場野餐。當諾里奇的愛德華(Edward of Norwich),第二代約克公爵(Duke of York)以《狩獵大師》(*The Master of Game*)為書名,將內文翻譯成英文時,他形容集會的方式很容易和現在的野餐搞混:

　　聚會的地方應該選在一塊適當的綠草地,那裡有適當的樹木散落,並且鄰近一條清澈的小溪。而它所以被稱為「聚會」,是因為所有狩獵的人員和獵犬都聚集在那邊,那些前去探路的人都得再回到這個特定的地點。還有那些從家裡出來的人,以及那些從家裡來的官員都應該帶上所需之物,充足的辦事員將毛巾和大塊布料鋪在青草地上,並應領主要求將各式肉品擺進一個大盤裡。有些人坐著吃,有些人站著,有些人斜靠在他們的手肘上,有些人喝酒,有些在笑,有些在爭辯,有些在說笑玩鬧……當他們吃完後,領主會安排人員的接替和其他事情,我要很坦白地說,每個人都迅速地各就各位。

如果愛德華的原意是要描述如何進行野餐的話，那就沒有什麼好爭議的了。但他不是。愛德華跟隨加斯通的腳步，熟知「集會」的設置和運作是為了工作，而野餐是為了休閒。

無論影響是否深遠，加斯通《狩獵書》中的「集會」意外地成了休閒野餐的先驅。西元一五六一年，雅克·杜·富伊盧所完成的《狩獵》（Jacques du Fouilloux, *La Venerie*）一書，就保留了加斯通的文字信息，但卻在插圖中清楚表現出「集會」為狩獵暫息期間，獵人們放鬆地在野外進食喝酒的情景。十四年後，英國詩人兼廷臣喬治·加斯科因修改了加斯通和富伊盧的版本而成《狩獵的高貴藝術》（George Gascoigne, *The Noble Art of Venerie or Hunting*），其中談論餐宴的內容要多於狩獵。

舊時的狩獵禮節終於退位，現在取而代之的是由女王伊麗莎白一世（Queen Elizabeth I）主持，可能設於凱尼爾沃思（Kenilworth），為廷臣們向她輸誠的一場盛宴。加斯通的工作會議不見了，取代的是一場和狩獵無甚關係的精心餐宴，狩獵在這裡充其量只是一個為女王、她的貴族和廷臣舉辦盛宴的藉口罷了。書寫加斯科因的傳記作者吉莉安·奧斯汀（Gillian Austen）就暗示，伊麗莎白的出席可以提升她的地位，她本身就熱衷於狩獵，而且狩獵也是一種國家運動。這場下午餐宴趕上了流行，加斯科因的附加菜單顯然是多餘的。雖說是為了女王，但對一場傳統的野餐來說，它實在太過豐盛了——包括有冷小牛腰肉、冷閹雞、牛肉、鵝肉、冷羊肉、牛舌、燻火腿或培根、赤頸鴨派、熱狗香腸、美味小盤菜餚、甜酒、葡萄酒和啤酒。若要加斯科因另找一詞來代替「集會」兩字的話，他可能會選擇「野餐」，只可惜那時候還沒有這個字詞。狩獵基本上為國家運動，而伊麗莎白女王的現身也大大鼓舞了這種「集

喬治・加斯科因，〈應該在何處集會及如何辦理，王子或高貴人士的選擇〉（George Gascoigne, Of the place where and how an assembly should be made, in the preference of a Prince, or some honourable person）。紙上木刻畫。出自《狩獵的高貴藝術》（*The Noble Art of Venerie or Hunting*）。©The Print Colletor / Corbis.

會」。又有一說，伊麗莎白一世在西元一六一一年被從「集會」的出席名單中劃掉，改由詹姆士一世（James I）代替。此舉同樣也鼓舞了休閒階級的戶外宮廷式餐宴。至於逐漸湧現的中產階級和農民階層，他們如果在狩獵中或狩獵後於戶外用餐的話，則會刻意湮滅形跡。

十八世紀初的法國畫家及其顧客也發覺這個主題很吸引人。總之，讓—安東尼·華鐸相中了「狩獵中的暫息」，描繪出當狩獵暫停時，狩獵者、他們的女士、妻子和情婦齊聚在野外悠閒地從事社交宴飲的景象。大概沒有人會認為他們在狩獵，而不是在從事娛樂活動吧。這種事先安排好時間地點的聚會以狩獵行話來說就是「幽會」，它可以是純真的，不過也是進行性交流的契機。此時「幽會」採後一種定義，但華鐸和他的追隨者只點到為止，謹慎地隱下他們的真正意圖。幽會的食物和飲料鮮少像加斯通或加斯科因的「集會」那樣，它可有可無。風格改變的新天才畫家如華鐸之流，將「幽會」描繪成「田野餐宴」（Fêtes champêtres / country feasts）和「盛宴」（Fêtes galantes / rustic entertainments）的樣貌。在這些畫作當中，《狩獵中的暫息》（The Halt during the Chase）算得上是最接近狩獵風貌的一幅。

其他以華鐸風格作畫的畫家則較為屬意「狩獵餐」（repas de chasse），弗朗索瓦·勒穆瓦納的《狩獵野餐》（François Le Moyne, Hunting Picnic，亦稱 Le déjeuner de Chasse）描繪了擺上酒、麵包和烤雞的一張白布。而尼古拉斯·朗克雷極具裝飾性的《狩獵之後的野餐》（Nicholas Lancret, Picnic After the Hunt）比較不像午餐宴，倒像是情人間的幽會場合。

讓—弗朗索瓦·德·特魯瓦的《一頓狩獵早餐》（Jean-Francois de Troy, A Hunt Breakfast）是在當地客棧陽台上舉辦的一場餐宴。淑女們搭乘馬車前

尼古拉斯·朗克雷，《狩獵之後的野餐》（Nicholas Lancret, *Picnic After the Hunt*, 1735-1740），山謬·克瑞斯典藏（Samuel H. Collection），華盛頓 D.C. 國家藝廊（National Gallery of Art）提供。

來，並坐在中庭的一張桌子旁。雖然畫家並沒有刻意地詳細描繪出食物，但你可以看出來有許多酒。「華萊士典藏」（Wallace Collection）寫道，這是「一場辦在森林邊的遊憩小屋外面的野餐」，雖然它是中午餐宴，卻仍以「早餐」來做為標題。總之，法國畫家卡爾─安德烈·凡·路的胃口很好，《狩獵中的暫息》（Carle-André van Loo, *A Halt during The Hunt*）明顯畫出了象徵狩獵的肉類食物。狩獵者和他們的女人隨意地斜躺在代表財

富的大塊白布旁邊，白布上面佈滿了烤牛肉、烤兔肉、麵包和酒。

　　一世紀後的查爾斯・狄更斯更在他的小說《匹克威克外傳》(*The Posthumous Papers of the Pickwick Club*)，以嘲諷的手法模仿《一頓狩獵早餐》中貴族的炫耀行徑。他並沒有特別炫耀或強調狩獵的陽剛特性。而篇名為〈該是愉快的一天，卻以不愉快來結束〉(A pleasant Day with an Unpleasant Termination)的內文則嘲諷昔日的貴族運動及風雅餐宴，如今竟淪為吃喝玩樂的藉口：從一開始情況就不太妙，特別是對這位短小、微秃、大肚子的山繆・匹克威克先生來說，所有的優雅和高尚風格都被諷刺的幽默取代了。華鐸的誇示和宮廷式的調戲不見了。匹克威克被白天的熱氣給逼得疲倦不堪，還深受風濕病之苦，所以他必須坐進農夫的手推車裡。主菜是普通的小牛肉派，但匹克威克的僕從山姆・魏勒懷疑它是用貓肉做的而將它毀了。「金的好巧牛肉派是你知道它是類淑女的人做的，」魏勒說，「且確定它不是小貓做成的；但儘管如此，問題是，如果它們是這麼像巧牛肉，以致於連金的做派的人自己也難分辨他們的差異呢？」對這些飢腸轆轆的狩獵者而言，派是什麼做的一點都不重要，當他們極度渴望「頂好的冷潘趣酒」時尤其如此。匹克威克喝醉了，並陷入昏睡。他在昏睡中因非法入侵和盜獵而遭逮捕，最後連同手推車一起被送進了監獄。

　　如果你覺得狄更斯頑皮的嘲諷和匹克威克的不幸遭遇十分可笑，那麼法國畫家古斯塔夫・庫爾貝對狩獵的奉獻會讓你感到稍微平衡一些。他是個說到狩獵就嚴陣以待的人，別人的嘲諷一點也阻擋不了他的熱忱。狩獵是庫爾貝極熱愛的運動，他的《狩獵野餐》(Gustave Courbet, *The Hunt Picnic*)不僅十分壯觀(八十一又二分之一英吋乘以一百二十八英吋)，且描

繪出了包括烤牛肉、麵包、冷白酒在內的整場野外用餐實景。庫爾貝也排除華鐸和凡·路所呈現的貴族式鋪張，絲質的流行服飾不見了。雖然還有淑女在場，卻聞不到性幽會的氣息。庫爾貝不啻展現了對狩獵及其儀式的真切認知，告訴我們一場像樣的狩獵者午餐該有的風貌。他甚至扮成狩獵者入畫，端坐在全景中央，和面前的食物（酒在左邊，獵得的獵物在右邊）形成一個三角形。為了強調狩獵，所以不乏戰利品。在穿戴紅色外套、黃色騎馬褲和黑色鴨舌帽的狩獵主人示意下，一場快樂的狩獵者午餐於焉展開。他吹著號角呼叫狩獵者，讓他們知道淑女們已抵達，必須趕快從田野中返回加入餐會。在此同時，文藝復興時期藝術家喬瓦尼·貝利尼（Giovanni Bellini）也根據古羅馬詩人奧維德（Ovid）的猥褻故事完成了他的《諸神之宴》（The Feast of the Gods），然而庫爾貝則本著身為狩獵者及食物愛好者，特別是獸肉愛好者的經驗完成了《狩獵野餐》。

　　庫爾貝的餐宴透露出他熟知薩瓦蘭之〈狩獵中的暫息〉篇中對食物所發出的省思。然而庫爾貝的風格則較傾向於粗野的狩獵。在〈狩獵中的暫息〉篇，薩瓦蘭指出，午餐宴宜設在某個事先安排好的宜人地點，最好清涼有遮蔽物，在那裡，疲倦的狩獵者可以用餐或從事性愛遊戲。至於庫爾貝的淑女們，她們被安排在「集會」的中央，被給予和男士們同等的地位。為了凸顯狩獵的野蠻粗暴，庫爾貝故意選擇大塊烤肉做為主菜，用它來象徵狩獵者的勇武，與薩瓦蘭偏愛的佩里戈爾派和史特拉斯堡肉醬剛好形成對比。庫爾貝對薩瓦蘭所言深信不疑，認為一名狩獵者食用自己獵獲的食物將會帶給他力量和優越感。至於野餐食物籃內的食物迄今未明，不過有一大瓶的白酒放在溪裡冰鎮，而未打

開的野餐籃旁也有幾堆新鮮獸肉，這是確定的。庫爾貝的《狩獵野餐》肯定了他對狩獵、食物和女人的喜愛，正如薩瓦蘭以下的描述：

　　我曾經在法國中心，深入外省狩獵。我在休息地點看見滿載亮麗婦人的馬車，其他人則騎在溫馴的驢子上，他們似乎是來自蒙莫朗西（Montmorency）的算命師。我看見她們先是嘲笑這種不方便的運輸方式，然後將一隻火雞和透明果凍、沙拉擺放在草地上，我目睹她們圍繞著點燃的火堆跳舞，於是也加入了這吉普賽式的享樂活動。我確信以稍許奢侈換來了如此大吸引力在別的地方是見不到的。

　　美國導演勞勃・阿特曼（Robert Altman）在他的電影《高斯福大宅謀殺案》（Gosford Park）中極力嘲笑狩獵餐，不過英國劇作家朱利安・費羅斯（Julian Fellowes）後來的《唐頓莊園》（Downton Abbey）之〈高地之旅〉（A journey to the Highlands）篇則對其充滿懷舊之情。阿特曼對英國鄉村生活的觀感不佳，將它描繪成一個濕冷到連用餐者怎麼拿穩刀叉都有疑慮的環境。冷清的場面更因一名客人的血腥瑪麗雞尾酒灑落在石地板上而瞬間僵住。每個人都退避三舍。從阿特曼的觀點，狩獵午餐只是另一頓欠缺炫耀、歡樂或宴樂的野外餐宴罷了。但做為隱喻，地板上的紅色汁液如同鮮血，預示著殘忍又邪惡的主人威廉・麥克考多爾爵士將遭殺害。《唐頓莊園》的狩獵野餐被刻畫成充滿幸福感的高級餐宴，克勞利的家人及其親屬全都樂在其中，處處表現出他們對於貴族野餐形式的熱愛。令人驚訝的是，在〈高地之旅〉中，是格蘭瑟姆勛爵和福林侯爵主動加入淑女們設在草地帳篷中的午餐。費羅斯與阿特曼正好相反，他不遺

餘力地抬舉華鐸和薩瓦蘭。真是美好的一天──荒野綠、湖水藍，天上白雲朵朵。帳篷很優雅；瓷器和銀質高腳杯等漂亮餐具擺放得恰如唐頓莊園飯廳的午餐桌。為了炫耀，每個人都穿上花呢衣裳。淑女們為飾有羽毛的流行套裝，男士們則穿著適合在荒野追鹿的較粗的花呢服裝。

孩子們的野餐故事

「喔牡蠣，」木匠說，

「你已經玩夠了吧！

我們是不是該回家了呢？」

但沒人回答——

這有什麼好奇怪的，因為

每個人正吃得津津有味。

——路易斯‧卡羅，《愛麗絲鏡中奇遇》（Lewis Carroll, *Through the Looking-Glass*, 1871）

終於到了早上，大約是十點十一點鐘的時候，輕率嬉鬧的同伴會在柴契爾法官家集合，萬事具備就等著出發。老人並沒有習慣現身破壞野餐。孩子們被認定在十八歲的年輕淑女和二十三歲左右的年輕紳士們的護翼下安全無虞。他們預計乘坐老蒸汽渡輪來展開他們的歷險，現在這群快樂的人們成隊於滿是食物籃的主街上。

——馬克‧吐溫，《湯姆歷險記》（Mark Twain, *Tom Sawyer*, 1876）

孩子的野餐故事是以等比級數在增加的不衰文體。它們隨著成人野餐的崛起而增長，對於促進野餐成為文學藝術的主題有出人意表之

效。最先加入小孩野餐的文學作品為兩本玩具書（以詩寫就）：約翰‧哈理斯的《知更鳥和雌鷦鷯的求愛，婚姻快樂和野餐宴會》和瑪麗‧貝爾森‧艾略特的《老鼠們和牠們的野餐：一個好的勵志故事》。重要的是，哈理斯是將戶外餐稱作野餐、「皮克尼克餐會」或結婚餐宴的第一個作者。艾略特則理解到大多數人對野餐還很陌生，所以有了下列定義：

> 野餐是什麼，他們滿心疑惑，
>
> 但是想冒險就不怕出大錯；
>
> 如果他們真的瞭解，不知道會如何吃驚呢。
>
> 因為客人需要自帶食物真是不常見，
>
> 「噢，當然，」有些人會這麼想，「我們鄉下的老方式
>
> 顯然慷慨多了，因為在我們那裡主人會付錢
>
> 但這裡，那些受邀的人，得分攤請客費用，
>
> 並且邀請他們的鄰居來吃自己的菜！」

撇開故書情節不談，哈理斯和艾略特提出了一些特別的食物選擇，部分是因為他們的角色都是擬人化的動物，部分是因為其他教育動機：哈理斯想教導社會的分工，而艾略特則教導美德。哈理斯的動物對食物的選擇不夠細心，牠們帶了一些即使不算奇怪也算是不太真的食物奉獻給了餐桌：知更鳥帶了櫻桃派，貓頭鷹帶了小麥子，烏鴉帶了胡桃，喜鵲帶了乳酪，鴿子帶了稗子，狗帶了一根骨頭，但羔羊帶了羊毛！更令人驚嘆的是，知更鳥還帶了醋栗酒，對大人沒關係，但

對兒童故事來說，這很可不尋常。直至今日沒有人注意到那瓶酒，在一九六五年，芭芭拉·庫尼（Barbara Cooney）針對兒童的故事版本亦沿襲了這個傳統。而庫尼也承續存在已久的另一傳統，同樣略去餐宴中唯一的人類客人——小瑪麗（Little Mary）。她只出現在哈理斯的文本裡，和她的媽媽一同出現，還提供了乳酪、蘋果、培根肉和洋李等食物。這種食物混搭很不錯，因為它少了現今主宰小孩野餐籃的各式糖果、蛋糕、派和其他甜食。諷刺的是，帶了甜櫻桃派和醋栗酒來引誘雌鷦鷯嫁給他的知更鳥，顯然有一張甜「喙」。

　　第二個催生孩童野餐的重要故事是艾略特的《老鼠們和牠們的野餐：一個好的勵志故事》：它以特殊的手法來反映食物的缺乏和富人的社交沉淪。由於厭惡浪費，艾略特不喜住在城裡的老鼠，稱牠們是「愛豪奢享受的老鼠」、「野餐老鼠」或「倫敦鼠」。不像從德文郡來的良善的、傳統的，只吃簡單穀物的鄉村老鼠，「野餐老鼠」吃冷培根肉、冷湯、蜜餞、油燜雞，並且貪婪地吞下醃酸黃瓜、鮮奶油、plumb蛋糕、乳酪蛋糕、卡士達醬和柴郡（Cheshire）乾酪。那個時代的敏銳讀者意識到艾略特是在諷刺英國攝政王（後來的喬治四世）和已經不再運作的野餐社團。雖然艾略特當時只有十六歲，但她卻義憤填膺地教導她的（大小）讀者，野餐餐宴是放縱的、貪婪的且注定要失敗的。在一個基督道德世界裡，這種過份的行為應該受懲罰。所以當德文郡鄉下老鼠在一間倫敦市政府的食品儲藏室內坐了下來，和牠們的倫敦堂兄弟一起用餐時，便無法躲過食品儲藏室虎斑貓的攻擊和吞噬。艾略特的道德標準很明確：清楚你的所在，遠離邪惡的城市，並且吃得簡單。她借用了伊索寓言中的〈鄉村老鼠與城市老鼠〉卻大肆改變了故事內容，伊索寓言裡

的鄉村老鼠後來安全地回到家——她向孩子傳遞的道德信息就藏在一場不見歡笑的病態野餐之中。

好玩的是，艾略特一定不知道她的老鼠在未來會成為青少年文學和電影中擬人化老鼠的原型，華特・迪士尼借用艾略特的老鼠，一如她借用伊索寓言和賀拉斯的故事。在迪士尼初期老鼠卡通中的《野餐》那一集裡，故事的主角米奇和米妮老鼠互獻殷勤、接吻、跳舞、歡笑來消磨時間，於是松鼠、小鳥和螞蟻便趁機偷了他們的野餐籃。等到米奇和米妮發覺怎麼一回事時，他們的三明治、瑞士乳酪、芥末、醃酸黃瓜、橄欖、蜂蜜、餅乾、糖霜蛋糕和方糖全都不見了。但他們一笑置之，我們也跟著大笑。不同於艾略特精選的五香雜燴和油燜原汁肉塊，迪士尼偏愛大量的療癒食品（comfort food）。

到了西元一九三〇年，一場快樂的孩童野餐必須取決於各式甜點和成堆食物。肯尼士・葛拉罕制式化了孩童野餐的歡樂原則，那就是個人野餐形式中無節制飲食發展的最大化，他的青少年小說《柳林中的風聲》以河鼠的野餐展開，並將其和所有的好事連結在一起，如溫暖明亮的春季，小船上閒混，在河邊草地上悠哉地度過一天等等。鼠仔的帶蓋餐籃的重量是放大這些歡樂原則的要素。他的「胖柳枝午餐籃」塞滿了「冷雞肉冷舌冷火腿冷牛肉醃酸黃瓜沙拉花卷蛋糕水芹和薑汁啤酒檸檬汽水。」文中並沒有任何暗示表明這豐盛的食物指涉享樂主義，事實上鼠仔很慷慨，他不僅邀請了鼴鼠，後來還邀請所有的朋友一同分享——雖然那個時候食物已經被吃光了，葛拉罕的結論是「越多越好」。

反之，葛拉罕的第二場野餐沉悶到經常被忽視。它發生在秋季，這個一年當中最死氣沉沉的日子，讓鼠仔感到消沉、鬱悶且無法集中

精神。他偶然碰見海鼠，這位「纖瘦且輪廓分明」的老老朋友，海鼠在世界遙遠角落的冒險故事深深打動了鼠仔。這次沒有豐盛的食物。鼠仔的簡單午餐籃裡裝了「一碼長的法國麵包、一條有香蒜在唱歌的熱狗香腸、一些躺著哭泣的乳酪，以及一瓶外面罩有稻草，裡面裝著遙遠南方斜坡陽光的長頸瓶裝酒。」簡單餐點象徵了鼠仔的心情轉折；春天的狂喜歡樂現在成了秋天的憂鬱焦慮。這種轉變映照出他心裡的沮喪及心靈的枯竭。鼠仔覺得自己春夢乍醒，他面無表情地重新打包野餐籃，面無表情地走了回家，正想著出門找老老朋友海鼠聚聚時，他碰到了鼴鼠，並因此打斷了原本要做的正事。至於香腸和酒究竟對鼠仔的行為起了何種作用我們並不清楚，但他的食物選擇無疑是很成人的，那些絕非是小孩去野餐會打包的東西。即便快樂野餐所需之冷舌、醃酸黃瓜沙拉和水芹也不是烹飪書會推薦的兒童食物。如果有的話也屬罕見，一般會為兒童野餐準備甜香油膩的食物、檸檬汽水和薑汁啤酒。

鼠仔的野餐菜單尤其不受小孩青睞，因為他們要的是會讓自己開心的東西——亦即奶油、果凍、麵包、小圓糕點、糖果、蛋糕、派、果醬和馬鈴薯等的食物組合。雖然阿拉貝拉·鮑克思曾試圖重新創作鼠仔的菜單，但她最後還是打了退堂鼓，她的《柳林中的風聲鄉村烹飪書》（Arabella·Boxer, *The Wind in the Willows Country Cookbook*）指出，孩子會想要一片塗上奶油的法國麵包、切達乾酪和番茄沾醬做為他的「河邊午餐」。鮑克思也推薦熱狗香腸或牛排的三明治、熱狗香腸捲、罐裝蝦子、塞料蛋、熟煮蛋、肉糜捲、熱肉類餡餅等。在家做好的薄煎餅可用鋁箔紙包好帶去野餐。配方材料則有奶油、特選紅糖、糖漿（種類不拘），以及不可少的燕麥。她還想著要有「多葉夏季萵苣點心」，但可惜野餐籃已

亞瑟・雷克翰，〈河岸〉（Arthur Rackham, River Bank），肯尼士・葛拉罕的小說《柳林中的風聲》（Kenneth Grahame, *The Wind in the Willows*）中的插畫，賀爾頓美術典藏（Hulton Fine Art Collection），不列顛圖書館／羅巴納／傑提影像（British Library/ Robana/ Getty Images）。

裝滿各種甜香油膩的食物。

　　大人小孩都知道小熊維尼熱愛甜食。維尼的人類朋友克里斯多夫・羅賓（Christopher Robin）便是利用小熊維尼生性謹慎，必須靠蜂蜜和撒上粉紅糖霜的小蛋糕才能引誘他前去與會——這個場景就發生在《小熊維尼》（Winnie-the-Pooh）最終篇的一場戶外宴會上——這種食物將維尼吸引到一場為了感謝他拯救朋友小荳（Roo）而舉辦的宴會。因為結局圓滿快樂，所以也沒什麼人注意到菜色。但根據維吉尼亞・艾里森的《小熊維尼烹飪書》（Virginia Ellison, *The Pooh Cookbook*），以及後來的《靈感來自米爾恩的小熊維尼野餐烹飪書》（*Winnie-the-Pooh's Picnic Cookbook, Inspired by A.A. Milne*）所述，這場野餐的食物竟然都是不甜的（且非常成人化的）——水芹三明治、奶油櫻桃蘿蔔、火雞與乳酪配蜂蜜芥末醬、花生醬、香蕉和魔鬼蛋。小黃瓜三明治是和水田芥一起上的，小熊維尼在書裡叫水田芥（nasturtium）為 mastersalum，而這種玩笑只有對成人食物敏感的人才能意會：小孩怎麼會知道水田芥？更不用說怎麼知道花也可食用呢？艾里森的其他推薦似乎都是些名稱用蜂蜜開頭的食物。

　　幾乎所有成功兒童野餐故事中的食物都是甜食：愛麗絲在瘋狂茶會（Mad Tea-Party）中幫自己上了茶、麵包和奶油。路易斯・卡羅在《愛麗絲夢遊仙境》（*Alice's Adventure in Wonderland*）裡的幽默感小心地展現在三月兔、瘋帽子和睡鼠的身上。但茶會不算是真正的野餐。在《愛麗絲鏡中奇遇》裡才有一場海象和木匠加入的牡蠣野餐。

　　至於卡羅後來的《希薇亞與布魯諾完結篇》（*Sylvie and Bruno Concluded*），卡羅替布魯諾的野餐背包裝了蘋果、麵包和牛奶。但這部異常黑暗的作品常被卡羅的讀者所忽略，布魯諾的野餐也很容易和愛麗絲的茶會

搞混。問題是卡羅已經替接續下來的野餐菜單訂定了模式，亦即更多的甜食與碳水化合物。約翰・費舍爾的《愛麗絲夢遊仙境食譜：廚房的消遣》（John Fisher, *The Alice In Wonderland Cookbook, A Culinary Diversion*）也好不到那邊去，因為它提供了甜甜圈的製作配方。奧古斯特・伊姆霍爾茲和艾立森・譚南邦的《愛麗絲吃在仙境》（August Imholtz & Alison Tannenbaum, *Alice Eats Wonderland*）則提供墨西哥鬣蜥蜴玉米麵包捲、塞料睡鼠，以及烤刺蝟和兔子的食物配方，大開烹飪探險的玩笑。你絕對不會拿給這種食物給小孩吃——再次證實孩童偏愛甜食。不過嚐過墨西哥鬣蜥蜴玉米麵包捲的成人愛死它了。

在兒童文學作家法蘭西絲・霍森・柏納特的《秘密花園》（Frances Hodgson Burnett, *The Secret Garden*）中，烤馬鈴薯在身心復原上起了重要的作用，也在柏納特的基督教信仰上，亦即相信社會階級的劃分和樂在體驗自然的這種信仰上扮演了重要的角色。柏納特暗示，結合上述要點，生命毋寧就是一場野餐。所以每當柯林・克萊文和瑪麗・倫諾克斯在秘密花園野餐時，他們會吃上一份由能幹好心的女管家負責製作的烘烤蛋、馬鈴薯、新鮮打泡牛奶、燕麥蛋糕、小圓糕點、石南花蜜和凝脂奶油，俾使身心有所轉變。透過小孩對馬鈴薯、小圓麵包和奶油的信賴，野餐起了作用，柯林終於能走路而瑪麗也會笑了。他們的動脈竟奇蹟似地不再阻塞。也難怪艾美・寇特的《秘密花園食譜》（Amy Colter, *The Secret Garden Cookbook*）本著忠於原著或「花園野餐」那一段的精神，複製了柏納特的烤馬鈴薯和蛋；紅醋栗小圓麵包（或稱 mell 蛋糕）；小圓烤餅（吃溫的，可在火上烤一下）；康沃爾（Cornish）餡餅（來自康沃爾郡的冷牛肉派）；馬鈴薯餡餅（在康沃爾郡稱為 tiddy oggy，tiddy 為馬鈴薯之意）；約克郡（Yorkshire）餡餅

（以甜香料、葡萄乾和蘋果做為內餡）及巧克力野餐餅乾（小甜餅）等菜單。

馬丁尼雞尾酒和鵝肝醬可能是英國作家伊恩・佛萊明（Ian Fleming）的英國海軍中校詹姆士・龐德（Commander James Bond）喜愛的，但在佛萊明最後一本青少年小說《飛天萬能車》裡，卡拉克塔克斯・波茨海軍中校和他的家人卻喜歡熟煮蛋、冷的熱狗香腸、麵包奶油三明治、果醬泡芙和幾瓶上好的泡沫檸檬汁和橘子汽水。果醬泡芙是一個家庭玩笑——每當中校告訴孩子們，比起泡芙，他們更像果醬時，總會逗得孩子們哈哈大笑。所有這些甜食被裝進了飛天萬能車的後車箱，原本以為的精彩野餐，事實上只是一次在英吉利海峽河口沙洲的野餐。總之，這場野餐為一段冒險揭開了序幕，在家人吃了過多甜食而昏昏欲睡之際，飛天萬能車載著他們飛向法國，於是他們在那裡展開了一連串半認真半詼諧的冒險行為。

為了搭配角色，給孩子的野餐食物可分為玩笑性質和認真的兩種，雖然這樣的區分法，就食物的意義而言，未必是個好主意。讓以及洛朗・德・布倫諾夫的《大象巴巴的野餐》（Jean and Laurent de Brunhoff, *Babar's Picnic*）一書中，孩子們、莎莉絲特、亞瑟、弗洛拉、彭、亞歷山大和西風到叢林野餐，他們的食物由大象巴巴與莎莉絲特一起負責。在露天市場採買完畢後，他們背上一只裝有一條法國麵包、一綠色瓶裝汽水、幾顆紅萵苣和餅乾的帆布背包出發。食物的選擇在一九六五年版的《大象巴巴的野餐》中有了改變——這次是全家，亦即大象巴巴、莎莉絲特、他們的小孩、堂弟亞瑟和朋友老淑女，共食香蕉、梨子、蘋果、葡萄和（內容物不詳的）三明治。食物的份量中等，如山一般的成堆食物已不復見。大象們是講究的食客，它們認為有所節制的野餐要比鼠仔

和另一童書主人公威伯福斯（Wilberforce）的量多繁複野餐來得好。除非三明治裡頭有肉，否則大象巴巴的野餐基本上是一份素食野餐。《大象巴巴拜訪另一個星球》（*Babar Visits Another Planet*）亦復如此，它的野餐食物由水、香蕉、桃子或蕃茄，還有三明治組成。

最好的野餐玩笑發生在馬克·吐溫的《湯姆歷險記》裡，和湯姆、貝琪·柴契爾被困於麥克杜格爾山洞時的唯一一塊蛋糕有關。吐溫的故事可能是用來嘲諷史黛拉·奧斯丁所寫的《史坦普絲》（*Stella Austin, Stumps*），這個關於英國維多利亞時期一名四歲女童的故事在當時極受歡迎。奧斯丁的野餐是一場近乎全甜食的野餐——蘋果塔、梅子蛋糕、奶油酥餅、桑椹塔、海綿蛋糕、麵包和奶油、熟煮蛋、梅子、梨子、青梅和馬卡龍。但當史坦普絲發現這些糖尿病者忌諱的食物中沒有她喜歡的「早梅果醬」時，她失望極了。吐溫完全反轉了奧斯丁的甜食野餐籃。在他的野餐裡，湯姆和貝琪捏食唯一一塊蛋糕充飢，度過了三天。

湯姆和貝琪的「皮克—尼克」始於「一場輕率嬉鬧的結伴而行」，不料卻因兩個小孩的失蹤而變了調。但湯姆扮演了勇敢的騎士角色，而貝琪則是一名憂傷的少女。他們的角色扮演幫他們擺脫了困境，但吐溫為了取悅我們，他們說出了有如演連續劇般的對話：

「湯姆，我好餓喔！」
湯姆從他的口袋裡掏出某樣東西，
「妳記得這個東西嗎？」他說，
貝琪幾乎笑了出來。
「那是我們的結婚蛋糕，湯姆。」

「是的——我多希望它和酒桶一樣大，因為我們只能靠它了。」

「那還是我在皮克—尼克時為我們的將來留下的呢，湯姆，大人的結婚蛋糕不都是這麼做的嗎？——但現在它將成為我們的——」

她話還沒說完，湯姆就已經分起了蛋糕，貝琪津津有味地吃將起來，而湯姆就只捏嚐著他的那「份」（moiety）。配著取用不盡的冷水，他們吃完了這一餐。湯姆很少使用「份」這個字，使用「部分」（portion）或「小點」（snack）說不定比較恰當。吐溫極諷刺地以蛋糕的甜度來比擬愛情的成熟度。

還有一個野餐玩笑發生於卡通雙人組奧麗薇和大力水手卜派（Olive Oly and Popeye）在碼頭上野餐時的交火。奧麗薇想讓菜單活潑一點，於是帶了多變化的各式食物。她倔強地準備了兩個裝有義大利香腸、新鮮裸麥麵包、醃酸黃瓜、麥根啤酒和檸檬水的野餐籃。但這些東西都遭到非美食者卜派的打槍，他提出異議，「敬謝不敏，我寧願吃菠菜。」卜派在幾經考慮後，為了安撫奧麗薇，他說，「我就是這樣，真是狗改不了吃屎，現在我已經吃了菠菜了，來一些義大利香腸可以嗎？」

《芝麻街》（Sesame Street）裡的一段〈國王的野餐〉（The King's Picnic）也拿野餐食物開玩笑。每個人都帶了西瓜到國王的野餐會，國王唯恐食物缺乏變化，於是暗示他比較喜歡馬鈴薯沙拉。果不其然，每個人都帶了馬鈴薯沙拉。國王在失望之餘承認自己的錯誤，並暗示大家必須帶些不同的東西。至於辛普森在〈我們是鎮裡最糟的一家子〉（There's No Disgrace Like Home）中的野餐，每個人都帶了吉利丁甜點的模子前往郭董（Burns）的公司野餐會。他們以為郭董喜歡，其實他恨死這玩意兒了，所

以每個客人的甜點模都被丟進了垃圾桶。

　　一場毫不節制吃食的野餐出現在童書作家瑪格麗特・戈登的《威伯福斯去野餐》(Margaret Gordon, *Wilberforce Goes on a Picnic*)裡。戈登或許也受到葛拉罕的《柳林中的風聲》河邊野餐的影響，但她只著眼於飲食過量。通篇故事都在講述一個胖熊家庭的野餐，他們的野餐籃子裡裝有漢堡捲、一堆三明治、一大罐蕃茄醬、一大碗的馬鈴薯泥、香蕉、橘子、一個磅蛋糕、一條香草奶油巧克力蛋糕捲、(內容物不詳的)蛋糕、粉紅色內餡塔、汽水和裝在熱水瓶中的熱飲。吃完之後，他們全都因為太飽而陷入食物引發的滿足昏睡狀態。從遠處看去，這群圓滾滾的熊還真像是擱淺的鯨魚。全家吃剩的食物都給了一隻友善的羊，哈—哈！更甚者，當他們被一場驟雨吵醒後，整家熊迅速整裝，好趕上一頓有炒蛋、熱狗香腸和茶的晚餐。

　　另一個強調飲食過量模式的類似故事出現在羅達和大衛・阿米蒂奇的《燈塔守護者的野餐》(Ronda and David Armitage, *The Lighthouse Keeper's Picnic*)。持平而論，阿米蒂奇想要說明肥胖有礙健康。雖說故事的更深刻目的在於勸阻飲食過量，但任何讀過或看過插圖的人一定會記得那親切地描繪在摺跨頁上的成堆食物插畫，其中包括有漢堡、熱狗、牛羊肉串、披薩、排成傘狀的義大利香腸、蟹肉沙拉、三明治、香瓜、千層蛋糕、奶油螺紋麵包、綠蔬菜凍、葡萄、香蕉、梨子、蘋果、桃子、杯子蛋糕、丹麥酥皮甜餅、櫻桃塔、法式奶油巧克力長餅乾和生奶油冰淇淋，全都是格林林太太為格林林先生準備的——一大口接著一大口吃下的格林林先生，趁著喘口氣的空檔，如果沒被噎著的話，還會發出「真好吃，真是好吃」的嘆息聲呢。

戈登或阿米蒂奇的菜單與大部分的兒童烹飪書同步。如今，食品標準的修訂趨勢沒有就孩子該喜歡什麼和應該吃什麼作進一步的改變。日益增加的青少年肥胖問題並沒有因此造就一份沒有甜食的野餐菜單。就連《芝麻街》也不能倖免。帕特・特恩堡的《芝麻街食譜》（Pat Tornborg, *The Sesame Street Cookbook*）納入了療癒食物，但很尷尬地，它的食譜配方偏重於甜食。新的《芝麻街「C」是Cooking的「C」》（*Sasame Street "C" Is for Cooking*）根本就有〈甜飲〉、〈甜食與零食〉、和〈點心〉的專篇，約佔內容的百分之二十，較特別的有奧爾頓・布朗（Alton Brown）的〈脆甜糯米棒〉、瑪莎・史都華（Martha Stewart）的〈可口燕麥葡萄乾餅乾〉——沒有一個在計算卡路里。琳達・懷特的《在木棒上烹飪：孩童的營火食譜》（Linda White, *Cooking on a Stick: Campfire Recipes for Kids*）偏愛甜食。懷特幫她的食物菜單都按上討喜的名字，如「羔羊上的蝸牛」（繞在一木棒上的餅乾麵團）、「蔬菜群」（蔬菜囊包）、「鳥巢早餐」（火腿、馬鈴薯和蛋擺在橘子皮上）和「麋鹿唇」（蘋果、花生醬和棉花糖）。日落出版社（Sunset Book）的《最佳孩童烹飪書》（*Best Kids Cook Book*）裡有〈下雨天的野餐〉（Rainy Day Picnic）的食譜配方，它附帶一則要如何在家中搭帳篷的說明（需兩張椅子和一條毯子；再用另一毯子鋪地板；藉著手電筒的光用餐）。書裡的菜單包含多樣化的食物以及營養分析，很注重孩童野餐的均衡營養，它的菜單如下：預先做好的湯、鮪魚麵包、花生醬餅乾和草莓搖搖冰。

《靈感來自米爾恩的小熊維尼下午茶食譜》（*Winnie-the-Pooh's Teatime Cookbook, Inspired by A.A. Milne*）是另一本針對療癒食物的烹飪書：內容分為麵包與土司篇；英格蘭鬆餅與煎餅篇；果醬與奶油篇；三明治篇；餅乾與比士吉麵包篇；蛋糕與餡餅篇等。文字編輯提出說明，下午茶時間

就是點心時間，但這也不過是老調重提。基本上，這是一本言不由衷，身披童裝的成人烹飪書，它僅有小部分作了一點勇敢的嘗試，試圖用鳳梨─奇異果清涼飲料、烤蝦配蒜頭、加味玉米蕃茄沙拉、綠豆搭配薑汁蜂蜜醬、又苦又甜的巧克力布朗尼蛋糕這類兒童食物來引誘孩子。當米爾恩的小熊維尼故事於一九七七年成為迪士尼企業的一部份後，小熊維尼在一部動畫劇情片中被重新塑形，這隻早已美國化的英國熊於西元一九九九年，邀請他的朋友參加一場在《百畝森林裡的感恩節》（*Thanksgiving in the Hundred-Acre Wood*）野餐。即便有了這麼一個新的身份，食物還是「每樣都又甜又美味」，也總有幾只蜂蜜罐、一塊撒上粉紅色糖霜的蛋糕、餅乾、英格蘭鬆餅、麵包、甜菜根、胡蘿蔔和一顆南瓜。唯一受邀的人類克里斯多福‧羅賓在全部東西都吃完後才出現；他一副沒事人似地邀請這群夥伴到他的美國感恩節餐宴，而這種餐宴對於英國小伙子和他的同伴來說是很陌生的。

簡‧沃納為《華特‧迪士尼米奇老鼠的野餐》（Jane Werner, *Walt Disney's Mickey Mouse's Picnic*）特別繪製了一只裝有各種食物的野餐籃，其中較營養的是：花生醬果凍三明治、冷肉三明治、魔鬼蛋、馬鈴薯沙拉、櫻桃蘿蔔、洋蔥、粉紅檸檬水和巧克力蛋糕。櫻桃蘿蔔和洋蔥是不錯的嘗試，但其他沙拉不見了。《華特‧迪士尼的米奇老鼠烹飪書》（*Walt Disney's Mickey Mouse's Cookbook*）則以討論實用的廚房規矩、測量準則和廚房工具著稱。緊接其後還有極受歡迎的蛋糕、奶油霜甜點和餅乾的介紹。為了不想錯失重口味的碳水化合食物，甚至另闢一篇專門介紹飯後甜點。接下來的《華特‧迪士尼的米奇老鼠之書》（*Walt Disney's Mickey Mouse's Book*）則向我們描述了米奇老鼠做為一個辛勤工作的電影明星，到海邊

野餐放鬆的幽默情景。米妮老鼠打開一只巨大的野餐籃，裡面裝滿了（從邊上可以見到萵苣，但其他內容物不詳的）三層三明治、熟煮蛋、餅乾、撒上粉紅色糖霜和一顆櫻桃的巧克力大蛋糕、一盤綠色蔬菜、大量檸檬水。顯然就連米奇這樣的「電影明星」也難逃甜食的誘惑，更何況卡通人物根本不需要擔心身材會走樣。

美國華裔作家葉祥添在《龍翼》（*Dragon wings*）中賦予了食物一些變化，他選擇了典型美國和中國的混血食物，去到舊金山的某處海灘野餐。藉著食物融合不同的文化團體是葉祥添這本書發出的期許。它毋寧是用來瞭解中美關係的一本好書。野餐這種社交活動聯繫了中國父子、御風者（Winrider）與月影（Moon Shadow）、懷特洛小姐（Miss Whitlaw）、他們的領主。什麼樣的角色吃什麼樣的食物：月影在中國城的「唐餐館」（Tang）買了中華料理：肉包子和包有各種碎肉和蝦子的餡餅；懷特洛小姐則打包了有著蔓越莓醬和麵包餡的厚火雞肉三明治、薑餅和檸檬水。

美國藝術家費絲・林枸在《瀝青海灘》（Faith Ringgold, *Tar Beach*）中因為帶了西瓜到非裔美人位於頂樓平台上的野餐餐桌而備受抨擊。評論家宣稱，本身為非裔美人的林枸是一名種族主義者，但當《瀝青海灘》因其對少數族群的描繪而獲頒一九九二年的科麗塔・斯科特・金繪本獎（Coretta Scott King Illustrator Award）時，這種說法不攻自破。其他的食物就很一般，包括有烤花生、烤雞、汽水、冰茶和啤酒。從飲食的觀點看來，這份菜單極具前瞻性，因為林枸捨棄了蛋糕和派。故事最先被畫在帆布拼花被褥上，亦即《瀝青海灘・一》（Tar Beach 1），而後則有一本青少年故事書出現。「瀝青海灘」乃是紐約人利用夏季的屋頂平台在晚上作日光浴或娛樂的婉轉說法。在故事書中，凱西・萊特福特花了一個晚

上，與家人朋友在瀝青海灘上一同野餐。食物擺好後，凱西竟然像彼得潘一樣，在屋頂平台上空飛了起來，將其他人拋在底下。她的神奇飛行象徵著自由的青春，有能力通過種族主義的嚴酷考驗，並克服大城市的生活限制。接著凱西鼓勵她的弟弟嗶嗶加入她的行列一起飛翔，他也飛了起來。凱西說，「我早就跟他說過這很容易，每個人都能飛，你需要的只是一個用其他方式都無法到達的地方。下一瞬間，你自然而然地就遨翔在眾星之間了。」野餐食物有的時候真會讓你做出這樣的事情。

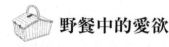# 野餐中的愛欲

到了最後，斯本羅先生（Mr. Spenlow）果然告訴我說，下個禮拜的今天是多拉（Dora）的生日，如果我能在那時下來參加一場小型野餐的話，他將會非常高興。我的腦袋馬上一片空白。

——查爾斯‧狄更斯，《塊肉餘生記》（Charles Dickens, *David Copperfiield*, 1850）

是的，或許命運不能容忍，像喬治‧吉爾伯特（George Gilbert）的宿命這麼小的事情上有任何的失衡，於是這封便士郵政信件起了很大的作用，你瞧！事情有了變化。這名年輕人把信讀了一遍又一遍，拿出來又塞進去背心口袋，直到它因為太多次的開折而變得又皺又髒。一場野餐！一場和伊莎貝拉‧斯利福德（Isabel Sleaford）在赫斯頓利（Hurstonleigh）的野餐！

——瑪麗‧伊麗莎白‧布雷登，《醫師娘》（Mary Elizabeth Braddon, *The Doctor's Wife*, 1864）

綜觀整個野餐史，愛情、食物和野餐這三者是密不可分的，它們一再地出現於文學、藝術和其他媒體之中。野餐最迷人之處在於它是

屬於戶外的，除了有食物和飲料可供取用外，若再加上羅曼史，那就最好不過了。野餐若能滿足上述預期，幸福亦不遠矣。但由於預期會延伸發展，所以野餐有可能變得糟糕、齷齪或令人洩氣。它們有的時候又很特別，超現實作家兼民族學家米歇爾‧勒西斯（Michel Leiris）就有這樣的經驗，勒西斯第一次因為性而感到不好意思發生在他六、七歲時，在一次野餐中的突然勃起。勒西斯沒有解釋過他的男性反應和野餐之間的關連性，因為那裡並無他的愛慕對象。快樂的野餐通常會出現求愛、羅曼史和愛情的場景，但它們也可能是情慾、背叛、強暴甚至死亡。其範圍雖然廣泛，但還是循著文學和藝術中為人所熟知的確立軌道在走。

人們也許經常利用想像力重塑溫柔或情慾的約會，但小說裡的野餐也可能是作者自身經驗的轉載。讓一雅克‧盧梭的半真實半杜撰回憶錄《懺悔錄》就常加入一些對性的嘲諷。其中一則牽涉到與格蘭菲瑞德和格立小姐（Mme. Graffenried and Galley）這兩位女士一起野餐的故事，他發現她們非常性感。彼此雖沒有公然的性接觸，但以新鮮櫻桃做為飯後甜點就極具暗示性：

餐後我們很省著吃；我們沒有飲用早餐剩下的咖啡，因為想把它留到下午，配著她們帶來的乳脂和蛋糕一起吃。為了填滿我們的胃口，我們走進果園，想要以櫻桃做為我們的飯後甜點。我爬上一棵櫻桃樹，將櫻桃成串地往下拋，櫻桃穿過重重樹枝掉到石頭堆上。格立小姐將圍裙向外撐開，頭往後仰，站得恰到好處，我瞄得準準的，丟下一串進到她的胸部。在她的笑聲中，我對自己說，「為何我的雙唇不是櫻桃，

如果能像櫻桃一樣丟到那裡該有多好。」

　　值得讚許的是，盧梭始終令人尊敬。沒有酒，即便沒有酒，他的感情還是能無酒自醉。

　　狄更斯在寫他最像自傳的《塊肉餘生記》時，正沉溺在情慾中之。但激發他的想像的可能不是他已懷孕的三十四歲妻子凱瑟琳，而是一名夢想中的年輕女孩。表面上，那是一段在懷特島上一間城郊住宅野餐的快樂時光。當他將家庭歡樂轉化成小說情節時，他利用了〈歡樂時光〉（Blissful）裡的一場野餐，謹慎地掩飾他對凱瑟琳的背叛，其實他是在追憶自己年少浪漫的愛情，亦即後來被發現與艾倫·特南（Elllen Terman）的一段情，狄更斯初次遇見她時，她才十八歲。〈歡樂時光〉寫到大衛·科波菲爾對朵拉·斯彭洛的愛意，也描繪了朵拉的生日野餐、大衛對朵拉的盲目追求，以及有人介入時的嫉妒之情。因為狄更斯是一個有秘密，且想要繼續「快樂地」過家庭生活的男人，所以時常攜家帶眷出現在野餐、遊戲和宴會等社交在場合中。他的朋友約翰·李奇藉著漫畫《一場野餐中哎喲聲的可怕真相》（Awful Appearance of Wopps at a Picnic）諷刺這樣的美好生活，他在這幅悲劇漫畫中模擬野餐在一隻大黃蜂發動攻擊而野餐者驚慌時，可能出什麼錯。所有一切東倒西歪，人們四處流竄，英雄查爾斯·狄更斯站了出來，左手摟著他的太太凱瑟琳，右手揮舞著一把餐刀。狄更斯對於自己秘密的愛情生活守得很緊，且就李奇的認知，狄更斯非常愛他的妻子。

　　而福斯特的《窗外有藍天》（A Room with a View）那場在佛羅倫斯附近塞提涅亞諾的野餐還要更加天真浪漫。這段漫長的求愛過程，就從喬

治‧愛默生急著要去拯救滑落山坡的露西‧霍尼徹奇開始。這個關鍵場景發生於一群英國觀光客聚在一起野餐，並享受佛羅倫斯的風光之際。在靠近海岬的邊緣，往外踏在一塊小平台上的露西發現自己置身於一片藍色紫蘿蘭的絕佳美景之中。喬治心驚膽跳地看向她；以為她有了危險，於是他飛奔向前並大喊，「勇氣和愛情！」喬治對於野餐的直覺是自己強加上去的。他並不知道露西只是被風景所吸引。喬治覺得自己有責任，於是他迅速地衝去救援並衝動地吻了她。這是野餐的高潮所在，也是感情的極致表現，是喬治和露之前從未真正領受過的。喬治已經違反了社交規範；露西則因莫名其妙的感覺而張惶失措。短暫的尷尬時刻旋即就在別人的呼喊及加入下宣告結束。儘管露西和喬治當時沒有察覺，但愛情的確已經悄然發生了，福斯特以好色的神祇潘（Pan）的出現暗示這一切都是他搞的鬼，但絕不是那個已經被埋葬兩千年的偉大的潘，而是掌管社交窘困情事和失敗野餐的潘小神。從福斯特的觀點看來，這場野餐是一連串錯誤構成的喜劇——沒有人死亡，麻煩都獲得解決，所有的事情最後似乎都有了圓滿的結局。

我們有時可以從年輕情侶所攜帶的食物看出他們的新愛情觀和不確定感。法國作家柯蕾特的《成熟中的種子》（Colette, *The Ripening Seed*）就從十六歲的菲爾‧阿達貝和十五歲的敏卡‧費雷走下布列塔尼的岩石峭壁，像「探險家那樣在峭壁縫隙裡用餐：一件歷久不衰的樂事」時展開。菲爾帶著網子和器具帶路往海浪走去，他突然回頭問敏卡需不需要幫忙提野餐籃。她的藍色眼睛閃呀閃地說道，「不用！」他們選定了一小塊空曠地方，攤開一張毯子，鋪在乾淨平滑的沙地上，就在正午之前吃起了午餐：有幾公升的蘋果香檳和礦泉水、一條用來製作奶油萵苣

和切塊格律耶爾乳酪三明治的法國麵包、鹽、梨子和沙丁魚。野餐是成人式的；敏卡和菲爾模仿他們的父母，像他們一樣使用扁平餐具，並且直接就著瓶子喝飲料。敏卡負責上菜和清理，而菲爾在一旁休息。和狄更斯的〈歡樂時光〉篇正好相反，菲爾經常造訪年紀較長（三十來歲）的一名婦女並且與她有染。柯蕾特的愛情觀也很法式，她的風流韻事還牽扯到離異丈夫的未成年兒子。和柯蕾特或狄更斯一起生活稱不上是野餐。

沒錯，狄更斯和柯蕾特也只是在重塑一個恆久的故事主題，我們因而聯想起波斯詩人奧瑪·開儼（Omar Khayyám）常被引用，出自《奧瑪·開儼的魯拜集》(*The Rubáuyát of Omar Khayyám*)的詩句。每個人都熟知那一場情侶的野餐，以及結合強烈情慾和食物的數行詩句：

來，帶著一塊麵包在大樹枝下，
一瓶酒，一本詩歌——還有你
在我身旁的荒野中唱歌——
荒野已足夠是天堂。

美國作家瑪格麗特·愛特伍的小說《盲目暗殺》(Margaret Atwood, *The Blind Assassin*)也有類似場景，一對情侶在公園蘋果樹下的夏季草地上野餐。女人邊吃著熟煮蛋邊說道，「這裡有鹽巴可以沾著吃。」「謝謝。」男人說，「你想得真周到。」因為坐在蘋果樹下，所以象徵著這是一場情慾的風流韻事。

酒、麵包和羅曼史的結合在野餐中屢見不鮮，彷如是一份虔誠且

可被接受的聖禮。這樣的主題潛力無窮，從十二世紀直到今天，它都是杜撰野餐裡一再出現且深受喜愛的主體。在十七世紀，這是年輕弄臣必學的一門課——克里斯平‧馮‧德‧帕斯的教學手冊《新青年典範》（Crispijn van de Passe, *New Mirror for Youth*）特別提及如何利用音樂、歌唱、跳舞、食物和女人交往求愛。場景就設在花園裡，而季節和氣氛也是輕鬆活潑的。傳說加上馮‧德‧帕斯對及時行樂主張的生動描述如下：

這些景色多豐富呀！在這年輕的春季裡：
滋養著大地冒出各式的花朵。
它們激勵歡樂的聚會和年輕的慶祝
容你追求所有的慾望和欣喜。

慾望和欣喜所帶來的要比瞬間的縱慾更多。許多情侶忙於肉體的求愛；他們觸摸、牽手、擁抱、跳舞、互相依偎。

情侶在讓—安東尼‧華鐸畫作《小宴》（*La Collation*）的午餐中可能有也可能沒有在求愛。這是華鐸最明確的一個野餐景象，雖然他所選擇的瞬間為喝酒、吃麵包和烤雞，但這顯然是一場幽會。有違常理地，畫面並沒有出現盤子或餐具，他強調的是喝酒這件事，酒被大量倒進那兩名婦女的水晶杯裡。這種景象或許隱藏有秘密情節，但從沒有人提及，所以它也許真的僅是一場在草地上的午餐而已。而其他野餐景象可能更慎重、更具象徵性。英國畫家伯納德‧弗利特伍德—沃爾克（Bernard Fleetwood-Walker）的油畫《和睦》（*Amity*）擺明是在誤導觀眾。雖然畫中年輕男女的身體是分開的，但是他們內心膨湃。他凝視著一朵象徵

愛情的菊花，而她的臉避開他，看似閒散或陷入長考或假裝生氣。她的身體擺出令人遐想的姿勢，雙乳突出。白色菊花代表了年輕和純真，但她的紅鞋則不然。野餐籃裡裝有蘋果，暗示這對情侶的關係可能或不可能超出純友誼。至於其他藝術家則更淺白地表現情色，或更直接地處理性行為。

　　福斯特尤其喜歡將野餐和觀光帶進他的故事和小說。最廣為人知的是他初出社會的自傳體文章〈一場慌張的故事〉（The Story of a Panic）。野餐就發生在可以俯瞰義大利拉維洛的小山上，在一個三月的美好日子裡。這是一場和性獵食者神祇潘有關的野餐，他的出現引起了一陣騷動，野餐者不顧一切地慌張流竄。只有一名十四歲的女孩子氣的男孩尤斯塔斯留在原地不動。當其他人再次集合時，大家發現尤斯塔斯正從恍惚出神的狀態中甦醒過來。從小孩四周的山羊蹄印判斷，他應該是遭到潘的「強暴」。他性情丕變，像山羊般在地上爬行、跳躍。每個人都注意到他的改變，但除了旅館的一名侍者外，沒有人認真去理解，這名侍者認為尤斯塔斯和他心靈相通，於是他奉上自己的生命讓男孩得以自由。這個故事的結局怪異，並且攪亂了何謂野餐的概念。倘若福斯特只想透過小說表達自己的同性戀傾向卻又不願明講的話，那就說得通了。同樣的手法也出現在〈助理牧師的朋友〉（The Curate's Friend），故事裡的助理牧師哈利在欣賞威爾特郡山群（Wiltshire Hills）風景時發現半人半羊人，哈利認為他是「全英國最漂亮的」。他攤開了毯子，泡好茶，拿出給其他同伴吃食後，少女埃米莉和她的母親，還有半人半羊人過來和哈利攀談。哈利雖驚訝但並不害怕，他和半人半羊人結交，半人半羊人溫柔地引誘他，「親愛的教士，沉著點，你在怕什麼呢？」

在小說《夢斷白莊》(*Brideshead Revisited*)中有一場類同性戀的野餐。作者艾佛林‧渥夫（Evelyn Waugh）和奧瑪‧開儼一樣，以酒和麵包這種隱喻來暗示在牛津大學就讀的塞巴斯蒂安‧福來特和查爾斯‧賴德翹了一下午的課去野餐無疑是類同性戀的行為。「我弄到了一部汽車和一籃子草莓、一瓶派瑞古堡（Chateau Peyraguey）葡萄酒，」塞巴斯蒂安說，「──這不是你曾經喝過的酒，所以不用再裝了，和著草莓一起喝棒極了。」他們到了一處農田，在榆樹底下的草地上吃草莓，喝產自法國蘇特恩地區非常昂貴的白葡萄酒，抽土耳其雪茄。塞巴斯蒂安鬱鬱地說：「與其在這個地方埋一罈金子，我寧可在每個曾經歡笑過的地方埋下一些寶貝，然後等到我老了、醜了和可憐的時候，我能夠回來把它們挖出來懷念一番。」查爾斯表面上沉默，但內心卻對塞巴斯蒂安產生極強烈的感覺。但他保持無辜的模樣，不動聲色。這個場景令人懷念，因為它捕捉到了年輕男人之間的友誼和孤傲。塞巴斯蒂安是個同性戀者，但在他生命中的這段時間，就查爾斯所知，並沒有出櫃。

藍道夫‧亨利‧艾許與葵絲柏‧拉莫幽會時總是小心翼翼，絕不容許別人知道他們的私通。艾許更是心細到準備了結婚手環讓兩人配戴，代表著一個象徵性的可笑婚姻──艾許與拉莫是拜厄特的小說《迷情書蹤》(A.S. Byatt, *Possession, A Romance*)裡兩對重要角色中的一對。而羅蘭‧米歇爾和茉德‧貝利一直想要揭發他們的秘密。艾許與拉莫就在北海旁的北約克郡幽會，且野餐地點是艾許收集海中生物以供研究的博格霍爾。諷刺的是，米歇爾與貝利的野餐也在博格霍爾的同一片岩石海岸上，他們也在那裡開始了他們的婚外情。兩人吃了一頓簡單的午餐：黑麵包、文斯勒德（Wensleydale）白奶酪、紅色小圓蘿蔔、黃奶油、腥紅

色蕃茄、澳洲清蘋和礦泉水。整個歷程很複雜，只因為他們為了一段新的關係捨棄了一段舊友誼。他們還不太確定是怎麼一回事，但他們的確在一個完美的日子裡經歷了一些新鮮事。直到羅蘭幫茉德鬆開金色頭髮的瞬間，他才感覺到這段新關係且激動不已：「羅蘭覺得在內心糾纏的一個結終於鬆開了……茉德撥開她的頭髮望向他，臉已有些泛紅。」她承認感覺好多了。讓頭髮放下已是老套，但在這裡還是管用，因為拜厄特的處理很到位。

　　純真與性慾的對照模式如此普遍，一六〇八年，托馬斯・崔維庸的《雜記》(Thomas Trevelyon, *Miscellany*)也以情侶的野餐做為重大主題，書中同樣有兩場在花園中，形成純真和情慾對比的野餐：第一場的情侶野餐是浪漫的。它發生在三月的花園裡，一名期待情人到來的婦女，看著他一手控制馬匹一手拿著花束慢慢地走近。在婦女的旁邊是一座柳條遮陽棚，中間有一張置放了水果和酒的桌子。這個老故事意在傳遞及時行樂的信息，但間接也提到了純真：「起個大早迎接五月天的到來，在田野中散步是多麼快樂。看你飲食如此節制，害怕過份的飲食會帶給你痛苦。」第二場野餐明顯偏向感官性，並且對此多所暗示，它相信春天會強化愛情，因為春天也是愛神維納斯的生日。這裡除了一桌的水果、麵包、堅果和酒以外，一位叫做史川培的女人正竭盡所能地勾引一名從事大學學術研究且非進行性教育課程的年輕學者。史川培對年輕男子的生理極具吸引力，她告誡他要懂得玩樂——此乃性愛的婉轉說法：

　　「來吧我的蕩夫讓我們來玩吧，

在這美好的棚架裡，清新且快樂。」

當這名男子被她的美麗所吸引，需要一點刺激時，他回答，

「所有甜蜜內容都藏在思想裡

希望可以在她身上找到，尋獲

於是我在這邊又尋又找

這樣的喜悅最合我意。」

食物在薩默塞特‧毛姆的小說《剃刀邊緣》（Somerset Maugham, *The Razor's Edge*）裡並不能解決情人們的一些問題。什麼食物才適合攪動年輕男士的心，進而滿足年輕女子想要得到丈夫的渴望始終沒有確切的答案。露意莎‧布雷德利太太想為女兒伊莎貝爾辦一場與未婚夫賴瑞‧達瑞爾會面並對其將來有所助益的午野餐。她提議要有魔鬼蛋和雞肉三明治。但是伊莎貝爾的病弱叔叔艾略特‧坦伯頓卻建議，「你不能辦一場沒有鵝肝醬的野餐。你必須給他咖哩蝦的前菜，然後再上雞胸肉凍配萵苣心沙拉，我會親自製作它的淋醬，至於上了鵝肝醬以後就隨你高興，照著你的美國習慣來一塊蘋果派吧。」結果布雷德利太太贏了，不過野餐卻沒有達成它的目的，這意味著或許坦伯頓才是對的。但沒有任何東西能夠真正動搖賴瑞的心，除非精神性的食物，而這絕不是雷德利太太和坦伯頓所能設想得到的。賴瑞‧達瑞爾必須仰賴一些浪漫想法來尋求自我和快樂，這兩者不是魔鬼蛋和鵝肝醬能幫得上忙的。

「快樂的愛情」是尚雷諾的嘲諷作品《草地上的午餐》（Jean Renoir, *Luncheon on the Grass*）的重心，這部電影埋藏了各類野餐暗示，包括他父親皮耶—奧古斯特‧雷諾瓦（Pierre-Auguste Renoir）、阿道斯‧赫胥黎的小說《美

麗新世界》（Aldous Huxley, *Brave New World*）、馬奈和莫內。尚雷諾這個極荒謬的故事始於歐洲合眾國（United States of Europe）的總統選舉期間，領先候選人，一名理性的無神論技術官僚亞歷克西斯教授，認為性不再是孕育下一代的必須品，因為實驗室比它來得更有效率。這齣喜劇就在豐滿的內奈特為了求得他的小孩而想與他做愛揭開序幕。亞歷克西斯起初十分反感。他同時也給了德國人瑪麗─夏洛特，這位無性聯盟的領袖兼女軍國主義者承諾。事實證明任憑他怎麼努力，世界仍不夠完美，事情在記者會，亦即宣布他們訂婚的野餐中全都亂了套。現場來了一名貌似神祇潘的老牧者嘉斯帕，他的排笛奏出了難以抗拒的旋律，結果演變成一場情慾大解放。亞歷克西斯和瑪麗─夏洛特在混亂中走散。然後他碰見全身赤裸的內奈特在溪中游泳。於是他們在誘惑下做了愛。生米既已煮成了熟飯（雖然他並不清楚怎麼一回事），亞歷克西斯便開心地和內奈特、她的友人一起在草地上野餐。被迫回到「現實」世界的亞歷克西斯在即將迎娶瑪麗─夏洛特之際又與已經身懷六甲的內奈特重逢，並決定改和她共結連理。就像他父親的油畫作品《奢華、平靜和愉悅》（*Luxury, Calm, and Pleasure*）一樣，尚雷諾也認為生命野餐的特質應該是屬於身體的、情慾的和快樂的。

奧古斯特・巴特爾米・格雷斯的油畫《比利牛斯山的禮物》（Auguste Barthélemy Glaize, *Souvenir of the Pyrenees*）是一幅描繪阿佛列德・布魯亞斯的肖像畫，主人翁被漂亮的年輕婦女所包圍，藉此突顯出他的中心地位。布魯亞斯拿了一塊麵包給坐在旁邊的兩名婦女，但她們並沒有接受。似乎沒有人碰觸麵包，他們分屬不同的社會階層，因此也剝奪了野餐的宴飲之樂。布魯亞斯周遭的其他男士也接受招待，但求愛氣息薄弱，

這些男士很莊重；女人們似乎全心招待，忙於準備大量的食物和酒。這場野餐傳達了對布魯亞斯自我節制的敬意且營造出全然文明高尚的聚會。畫面之所以平淡或許是為了反映布魯亞斯個人的自我神聖感。從他們的行為舉止判斷，格雷斯似乎認為婦女只是用來生育和服侍的。

格雷斯的野餐和馬奈的代表作《草地上的午餐》形成強烈對比，後者是一場充滿性諷刺和食物隱喻的野餐。在馬奈的畫面中，酒、櫻桃、桃子、無花果、麵包、乳酪和牡蠣都是愛的食物，都有其固有的性象徵意義。尤其是牡蠣被視為是春藥；櫻桃和桃子則因其外形而暗指女體的某部位；至於翻覆的籃子或許是失身的暗喻。傳說馬奈私底下稱這幅油畫為「性約會」(partie carrée)，為一場性媒合聚會或幽會。所以我們可以假設即便沒有外在放蕩和色慾的跡象，食物的性暗示，就如同裸體婦人的不經意凝望，都令觀賞者想入非非。對於這幅原本稱為《沐浴》(*The Bath*)的《草地上的午餐》的意涵，藝評和觀眾一直爭論不休。在一個世紀過後的今天，油畫的細部還經常被提出討論，其中論述尤以保羅・海斯・塔克的《馬奈之草地上的午餐》(Paul Hayes Tucker, *Manet's Le déjeuners sur l'herbe*)最為著名，但依然沒有定論。

野餐的情侶激發了法國畫家保羅・塞尚(Paul Cezanne)的靈感，他的第一幅《草地上的午餐》(*Luncheon on the Grass*)是馬奈《草地上的午餐》的一種隱晦投射，其中馬奈所確定的，塞尚都不確定。但你可以從他的野餐者中一窺他(那時)對於性關係的衝突態度，塞尚認為女人會分散他的藝術專注力。馬奈作品的清晰和明亮恰巧與塞尚獨特的藍、黑、白憂鬱色調形成對比。藍色的天空中有厚實的雲朵，而白色的野餐毯半遮在陰影裡。馬奈的主要女性人物是全裸露骨的，但塞尚所呈現出來的

是一名全身包得緊緊的美女，她穿一身的白衣服，拿了一顆蘋果要遞給一名男士，她無疑是不馴與性愛的象徵。馬奈的男士們自己在那邊交談，而塞尚的男性人物，可以看得出來是藝術家，像是在深究那個女人和她手裡的東西，並沒有要付諸行動的模樣。他身旁是一只打翻的酒瓶和一隻金色雜種狗；後面有一頂高禮帽和一把傘。至於這些東西代表了什麼我們無從得知。從陸續出現在塞尚早期油畫作品中的野餐景象顯示，他試圖解決自身和女人的性關係問題。至於他如何修改《田園詩》（Idyll）和《餐宴》（Le Festin）這些油畫作品的議題在瑪麗·湯普金斯·劉易士的《塞尚的早期畫像》（Mary Tompkins Lewis, Cezanne's Early Imagery）一書中都曾經討論過。他在西元一八七四年所畫的《河邊的野餐》（Picnic on a River）有著較明亮的色彩，並搭配了神情輕鬆的野餐者；總之，一直要到幾十年之後，塞尚才又構思了屬於自己的《草地上的午餐》，畫面中的野餐者若不是興高采烈，至少也都盡情地享受著餐宴，佔滿畫面中心部位的白布上則陳列著蘋果和橘子。顯然塞尚隨著成熟度和年紀的增長，他對野餐的想法也更趨圓熟。

法國作家埃米爾·左拉（Émile Zola）的野餐總是悲傷、憂鬱和充滿了性暗示。若談及左拉對於馬奈《草地上的午餐》及其他油畫的評論，見諸〈愛德華·馬奈〉（Édouard Manet）一文，只能說他儼然就是馬奈的忠實辯護人，他不遺餘力地申斥那些視此畫為猥褻作品的藝評家和觀賞者。總之左拉並不夠誠實。如果馬奈的《草地上的午餐》，如他在藝評中所言，是一場單純的草地野餐的話，那麼為何左拉的「草地上的野餐」又擺明是一場性幽會呢？受馬奈《草地上的午餐》的影響，左拉寫了小說《瑪德蘭·費拉》（Madeleine Férat），故事從張力十足的性羅曼史野餐開始，

但最後卻以謀害與自殺收場。瑪德蘭‧費拉的食物選擇反映了她的身體慾望，而左拉隱晦地利用水果加以描述——「給她的愛人咬一口她的桃子和梨。」威廉，那位愛人，「著迷地看著身旁的她；每一天，她的美麗似乎更迷人了；他仔細地瞧，帶著讚嘆的驚喜，新鮮空氣恢復了她的健康和力氣。」新鮮的空氣、水果和積極的性生活使得瑪德蘭「變成一名強大的女人，她有著寬廣的胸部和開朗的笑聲。她的肌膚，雖然曬得有點黑，但依舊晶瑩剔透。她的金紅色頭髮隨意綁著，厚實發亮的髮尾就滑落在脖頸上。她整個身子顯得活力無限。」瑪德蘭的強大魅力與活力是馬奈的模特兒，亦即那個透過不經意凝視而迷住觀眾的馬奈之繆斯女神維多利安‧莫涵（Victorine Meurent）的一種投射。

相較於左拉的野餐，你會發現美國小說家卡森‧麥卡勒斯的小說《心是孤獨的獵手》（Carson McCuller, *The Heart Is a Lonely Hunter*）裡的情侶野餐是感情平淡的野餐。有些人認為故事非常感人，但這段羅曼史反映在它的野餐籃子裡——冷的肝餡布丁、果凍三明治和Nehi汽水——卻都是你想得到的非浪漫食物。而它就是麥卡勒斯要為萍水相逢的兩個難纏青少年男女——米珂‧凱利（年方十三的女孩）與哈利‧米諾維茲（約十五歲）準備的。小說裡這場無愛的首次性邂逅很彆扭，但事後米珂和哈利都若無其事地繼續生活下去。兩位都言明他們無意結婚。反正青少年時常改變他們的想法，不是嗎？麥卡勒斯似乎想透過米珂投射自己。總之，野餐是性和情感的未爆彈，但在真實生活中，妳希望它只是沒有底火的未爆彈，儘管事實上麥卡勒斯的生活一團亂，她在書寫這本小說時婚姻已處於破裂邊緣。

弗拉基米爾‧納博科夫的小說《激情》（Vladimir Nabokov, *Ada*）中的生

日野餐成為一段終身婚外情的開始。儘管十二歲的艾達和十五歲的凡·維恩是堂兄妹。納博科夫似乎認為一場野餐是開始一段婚外情的好時機。這次的野餐宛如一場馬戲團表演，提供有交談、昂貴食物和酒——切邊三明治、烤火雞、俄羅斯黑麵包、（最昂貴的）Gray Bead鱘魚魚子醬、紫羅蘭蜜餞、用瓷器裝盛的覆盆子塔、紅白葡萄酒、給小孩喝的兌水port葡萄酒，還有用水晶杯飲用的冰甜茶。艾達好玩地隨著音樂盒的音樂跳起了舞，而凡·維恩則雙手著地倒立走。開車回家的途中，艾達坐在凡·維恩堅實的膝上，害他差點有了高潮。四年後，他們因艾達的生日再次重逢，兩人迫不及待地衝進了森林做愛。納博科夫的艾達與凡·維恩並非天賜的浪漫主義者，他們之間有的只是充滿情慾的性關係。完事後，他們便回返加入傳統的野餐社交活動。

勞倫斯的《兒子與情人》（D. H. Lawrence, *Sons and Lovers*）有一場純粹為了愛情的幽會。對男主角保羅·摩雷來說，和克拉拉·道斯的野餐只為了營造難忘的時刻。無法消除的慾求讓他十分痛苦。在特倫特河邊的叢樹公園裡，他們「沿著又滑又陡的紅色小徑往上走」，想找一塊可以野餐的地方。他們沒有攜帶食物和毯子，只有克拉拉抓在手中的一束紅色康乃馨。最後他們往下走，到達湍急的河邊。「等一下，」他說，並且「用腳後跟側面在陡峭河岸紅土上挖出階，敏捷地爬下了（河堤）。他每走三步就會停下來環顧一下四周。最後他發現了他想要的地點。在一個小山丘上有兩棵相鄰的山毛櫸，它們的樹根間所托出一小塊平坦的地面。那裡滿是潮濕的落葉，但還可行。」他丟下防水夾克並揮手要她跟下來。「等做完後，他們滿心喜悅，但許多猩紅色的康乃馨花瓣，像四濺的血滴；紅色的小點點從她的胸部滑經洋裝直落到她的腳邊。」

花象徵熱情，散落的花瓣染紅了她的洋裝預示著這段關係將不會持久。而它也真的也未能持久。

在美國作家杜柏斯·海沃德的小說《波吉和貝絲》（DuBose Heyward, *Porgy and Bess*）裡，不成熟的性慾衝動驅使貝絲投入克朗的懷抱。事實上這也毀了另一場為鯰魚街居民所舉辦的快樂野餐，也是導致波吉頭痛、貝絲絕望和藥癮上身，以及克勞恩死亡的主因。基本問題在於貝絲沒辦法處理她對克朗，或他對她的情慾，即便為了穩妥而有機會拒絕激情時，貝絲還是毫不猶豫地選擇了激情。在查爾斯頓碼頭基窪島上蒲葵成林的一場野餐裡，貝絲的自制面臨了考驗，最後她還是敗給了慾求克朗身體的興奮感。在書中的最後一幕，克朗告訴貝絲，她注定是要愛他的，當他抓住她的身體，貝絲猛吸了一口氣，「對著懇地四周發出狂野的笑聲」。由於故事至關重要，所以出現了不同的各種版本，其中較特別的是由喬治·蓋希文（George Gershwin）負責作曲的百老匯歌舞劇《乞丐與蕩婦》（*Porgy and Bess*）。提到野餐的矛盾因子在於愛與情慾之間的衝突，甚至可說是善與惡的衝突，撇開其他不論，波吉便代表善，而克朗則代表惡。白天的外出聚會是教會的野餐，而鯰魚街集會參與者挺胸闊步，舉著「主說你們當悔改的兒女」布條歡慶地遊行至碼頭，但並沒有人悔改，在吃喝跳唱完後，他們嘲笑毒品販子斯搏丁·賴夫，他回唱了〈事情未必然都如此〉（It Ain't Necessatily So）這首不敬的歌，似是而非地暗示貝絲這麼黏著波吉一定不僅僅只為了友誼。對波吉來說，這場野餐的結局很悲慘。野餐是整個故事的最高潮且直接導致了大災難，但一點也沒有牽扯到性。這樣的轉折顛覆了一般認為野餐必須是快樂的，而且浪漫的風流韻事也不該以悲劇收場的預期。

喬治‧歐威爾（George Orwell）的情人野餐刻意破壞預期。雖然野餐是在佈滿落葉和大片風鈴草的典型英國春天森林中舉辦，但它卻是反烏托邦的，也是解構小說《一九八四》男主角溫斯頓‧史密斯的開始。史密斯起初以為自己身處伊甸園，因為那裡實在和骯髒的倫敦太不一樣了。他將要去和茱莉亞，這位文職人員兼少年反性同盟成員私通，她力邀史密斯找一天離開倫敦到鄉下去，並打算在那裡引誘他。這種曖昧的情況令不善觀察的史密斯感到不安。總之，這對情人並沒有攜帶食物，甚連毯子也付諸缺如。史密斯焦躁地抱怨道，「我已經三十九歲了，有一個不可能甩掉的妻子。我得了靜脈瘤，還有五顆假牙。」但有著一頭黑髮，美麗的茱莉亞並不在乎；她拿出一小塊黑亮的巧克力，將它折半，遞了一塊給史密斯。「初聞它的氣味勾起了一些他不確定的記憶，但這些記憶來勢洶洶而且擾人。」美味激起了史密斯的情慾，他們的做愛過程變得很淫蕩。在野餐、巧克力和天然美景的刺激下，史密斯的心態和健康改善了，但也付出了極大的代價。「老大哥」（Big Brother）知道了這場野餐，正密切地注意他們，等著要飛撲過去呢。懲罰必定是跑不掉的。茱莉亞背叛了史密斯；史密斯也背叛了茱莉亞。他們的恩愛時刻蒸發殆盡，風鈴草原上的野餐只不過是呆板現實生活中的一個小亮點。

色誘和情慾是美國劇作家威廉‧英格的作品《野餐》的主題。性感的十八歲女性瑪琪‧歐文，緩慢卻又無可阻擋地，受到年約二十八，多疑且性能力極強的哈爾‧卡特的色誘。漂亮的瑪琪知道自己長得好，但不清楚自己的性慾。她的感官在九月初舉辦的社區勞動節野餐上覺醒了。儘管很想瞭解這場野餐的樣貌，但英格並沒有寫入文章。《野餐》

中沒有野餐。反之，野餐的那一天早上，一切都蓄勢待發，撩起了性慾。瑪琪和哈爾調情，他們在跳舞時覺得越發無法抗拒彼此間的動物性吸引力。瑪琪漫不經心地說起別人還等著他們，而且籃子都搬進車子裡了。但他們兩人卻都不想和其他人會合：

哈爾：寶貝！

瑪琪：我……我討厭別人說我漂亮。

哈爾：（愛撫地以雙臂環抱她）寶貝，寶貝，寶貝。

瑪琪：（抗拒他，猛然站了起來）不要。我們必須走了。所有的籃子都在我們的車上，而且他們在等我們。（哈爾也站了起來慢慢地走向她，他們四目凝望，隨著他的走近，瑪琪感到心裡一陣興奮的悸動）真的，我們一定得走了。（哈爾抓住她的雙臂並熱情地吻了她。然後瑪琪以臣服的聲音叫著他的名字）哈爾！

哈爾：安靜，寶貝。

瑪琪：真的，……我們必須走了，他們在等。

哈爾：（用雙臂抱起她然後動身，他的聲音低沉且果決。）我們才不要去那個什麼鬼野餐呢。

此時布幕放下，結束了第二幕，有誰還會記得放在車子裡的魔鬼蛋、馬鈴薯沙拉和三打奶油麵包三明治呢。

因為野餐是趕時髦不可少的場景，所以美國導演喬舒亞·洛根（Joshua Logan）的改編電影《野餐》在電影劇作家丹尼爾·塔拉達什（Daniel Taradash）的筆下做了大量修改。電影好像永遠演不完似的，隨著一場勞動節的社區野餐緩慢且曲折地進行著。這部電影之所以具代表性，是

因為它的演員名單中有金・露華（Kim Novak）和威廉・荷頓（William Holden）這些現今已是好萊塢的傳奇偶像人物。這場野餐之所以難忘，是因為它有一段哈爾和瑪琪共舞的蒸騰場景。一九五〇年代美國舞台和電影談性色變的態度留給了我們許多想像空間。至於一部眼見為憑的現代版《野餐》會有些什麼還有待我們去臆測。

既不沮喪也不感性，美國小說家約翰・奧哈拉（John O'Hara）的〈幾次旅遊和一些詩〉（A Few Trips and Some Poetry）講述了一段令人畢生難忘的回憶，是一場關於野餐和性的故事——故事的敘述者吉姆和情人伊莎貝爾・巴爾里是老朋友，他們共享著沒有憐憫心的激情，以及沒有愛的歡愉。伊莎貝爾駛離了主要道路，沿著一條黃土路開到一處有粗糙桌椅和一個小演奏台的野餐營地。未經討論，伊莎貝爾已經準備要做愛：「我不想完全失去你，」她認真地說道，「我會躺在一張野餐桌上，當我們真的準備好的時候。」吉姆問說她這樣好嗎，但伊莎貝爾早就想好了。「她下了車，躺在桌子上，隨即解開她的仿男式女襯衫並撩起裙子……」伊莎貝爾開心地下了個結論，她似乎從緊咬的牙齒中吐出了「回歸自然」四個字。這名不可靠的敘述者吉姆說他們的做愛短暫，但「無比暢快」。對讀者而言，這是一場完全不需要食物，也沒有人受到招待的可笑醜惡野餐性幻想。

當兩位男士為了他們心儀的女人所捐贈的野餐籃而互相競爭時感覺特別強烈。表面上，《奧克拉荷馬！》（Oklahoma！）說的只是一場傳統的基金募捐／社交活動拍賣會。但拍賣過程卻是一場意志的對決，因為誰拍得那只籃子誰就可以獲得捐贈者蘿瑞・威廉斯的芳心。從沒有一籃子的肉餡餅、醋栗塔和蘋果派會成為這麼具競爭性的對抗標的，

《野餐》(*Picnic*),喬舒亞・洛根(Joshua Logan)導演,哥倫比亞電影公司(Columbia Pictures/ Photofest)提供。© Columbia Pictures.

並且還暗藏激烈的性敵意及陽剛仇恨。最後好心的克理・麥克連開價勝過了黑心的傑德・弗賴。在克理放棄他最鍾愛的馬鞍、馬和槍之後,情勢顯得相當緊張。蘿瑞十分開心,因為她愛克理並且害怕傑德的情慾糾纏。正當這對愛人忙於擘畫他們的美好未來時,傑德帶著滿心的不忿離開了現場。雖然蘿瑞和克理不出所料地有了快樂的結局,但他們卻未能預見到查德的下場,他去而復返,回來找克理打架並因此意外身亡。只因為不能出標勝過五十三美元,傑德的生命竟這麼不快地

劃下句點，代價真大。這次的買賣經驗令人沮喪，無怪乎拍賣官愛勒姑姑會驚訝地說，「你們這群傢伙是怎麼了？難道不值得我們歡呼一下嗎？」

 ## 不快樂的野餐？

野餐聚會在英國作家馬丁‧艾米斯的小說《死嬰》（Martin Amis, *Dead Babies*）中，一如人們的飲食，意味著不道德、噁心。他的野餐看似在充滿田園氣息的草地上，但實際卻為一處有糞便的乳牛牧場裡。儘管艾米斯的野餐看起來像一般野餐或歡樂派對，但它其實暗指著一群每天沉溺在乳牛牧場裡嗑藥喝酒、無所事事的二十來歲年輕人。野餐者「小心地」吃著，但「每一塊肉都用拇指和食指捏起，舉得高高地，像在抓一隻活蠕蟲；然後迅速地分配下去；避免沙拉和乳酪屑屑噁心地掉落到草地上；薄脆餅乾、蘋果、芹菜和胡蘿蔔深受歡迎，小推車裡，油膩且散發惡臭的盤子裝有沙丁魚、肝腸和鰻魚等。有人提及香蕉，然後真把它們塞進已經煮好的水煮蛋，眾人為此嗤之以鼻。」野餐最後在一隻小母牛衝了進來，大家驚惶逃竄時意外結束了。所有的人都被割傷，特別是那名裸身婦女的胸部。說到性、噁心的食物、過量的葡萄酒及烈酒，這場歡樂派對注定變成一團亂。

另一場在埃米爾‧左拉《小酒店》中的野餐很鬱悶。它發生就在當時的巴黎郊區蒙馬特下方一處荒地，是沒有食物和飲料的一次野餐。洗衣婦潔維絲‧馬卡爾和深愛她的鎖匠古耶特最後坐在「鋸木場和鈕釦廠中間的一處空地上」。他們的長椅是一根枯樹幹，附近有一隻綁著的

山羊在啃食已形稀疏的草地。他們的情況似很絕望，古耶特要求潔維絲和他分手，但她不肯。古耶特情不自禁地吻了她，她沒有回應。兩人都激不起真正的性慾。由於不知道要做些什麼，古耶特就摘了一些蒲公英，將它們丟進潔維絲的籃子裡，所以當他們要離開時，籃子裡已經裝滿了（非典型）象徵著了傷心和挫敗的黃色花朵。

《小酒店》中，潔維絲·馬卡爾和古柏的結婚宴就是在當地銀磨坊餐廳舉辦的一場祝賀「野餐」（un pique-nique）。這是當時社會普遍認可的一種工人習俗，因為沒有了費用分攤，宴會就不可能成形。即便新郎和新娘也不例外，他們也得參與分攤，這場花費五法郎的婚宴菜餚則包括了火腿切片、布里乳酪、麵包，再就是一道細麵湯，以及有人說還在唉叫著的兔子燉肉。外加一隻瘦柴的烤雞，最後以乳酪製成的各式甜點、水果、漂浮之島布丁、咖啡和白蘭地酒收尾。如果喝了太多酒而超出預算時，大家只好尷尬地胡亂湊錢來支付多出的開銷。總之，這裡的重點是，一八八七年的法國人仍在室內野餐。就連左拉在他的其他作品裡也避免使用「野餐」（pique-nique）來稱呼戶外進行的午宴或晚宴。

英國作家約翰·高爾斯華綏（John Galsworthy）改編自左拉的悲傷野餐有附庸風雅之嫌，雖然他的人物由私人司機開車帶往鄉間，但這次的遠足還是令人沮喪。就像左拉的野餐一樣，高爾斯華綏的也在一棵樹旁，但這次是一棵開滿花朵的蘋果樹，故事也以它為名，就叫做〈蘋果樹〉（The Apple Tree），而它也象徵著第二罪的性暗示。左拉的那對情侶絕不互相擁抱，但高爾斯華綏的情侶卻發展出一段浪漫、激情的風流韻事。這個外遇就在法蘭克·阿舍斯特離開農家女孩梅根·戴維德，

回到自己所屬的社會階層而糟糕收場。二十六年後，阿舍斯特和妻子史黛拉又不經意地來到這棵蘋果樹旁的草地上野餐，但它的旁邊多了一個墳墓，梅根‧戴維德的墳墓。阿舍斯特再度浮現年少的舊愛回憶，當他重溫這段經歷時，對於自己已經失去的青春和熱情，他只感到痛苦、懊悔和淒涼。雖然野餐毯已仔細鋪好，午餐籃也打開了，但阿舍斯特卻發現自己沒辦法野餐了。將野餐的預期高高捧起再重重摔下，左拉和高爾斯華綏就是以這種手法描述出如果期待情侶野餐是歡樂的，那你很有可能會感到失望。他們的野餐都不約而同地省略了會帶給人們快樂的食物，只提供感傷和悲愁。

說到通姦，莫泊桑的故事〈鄉村的一天〉（Guy de Maupassant, A Day in the Country）毋寧是一個令人驚異的例子。故事從一個巴黎的中產家庭到鄉下進行一次期待已久的出遊開始，他們將在那裡一家賽納河邊的餐館用餐。這是當時巴黎人熱愛的一種消遣，因為只須搭火車或坐馬車，一下子就可以到達目的地。天氣很暖和，所以在用完餐後男人都睡著了，但媽媽和她十八歲的女兒還保持清醒。在兩名英俊船工走近相邀之下，她們同意來一次河上冒險。但這趟冒險旅程激起母親的情慾，她和她的年輕船夫泊在一處樹叢中做愛。女兒比較自制，抗拒她的船夫更進一步的要求。當她們回到男人的身邊，母親是快樂的，而女兒對自己失去機會卻覺得五味雜陳。後來船工曾試著去找這名年輕女子，但她已經嫁給了中產階級的追求者，船工只能悲傷地理解到機會稍縱即逝。這是典型的莫泊桑嘲諷手法，極可能源自於他自身的經驗，因為莫泊桑是一名划船好手，經常到巴黎西方的塞納河邊餐館用餐。這個模糊言及通姦的故事或許是對左拉《紅杏出牆》（Thérèse Raquin）中的野

餐謀殺的一種影射。而尚雷諾的電影《鄉村的一天》(*A Day in the Country*)則忠實改編自莫泊桑的故事。尚雷諾比較樂於提供野餐菜單:炸魚、燉兔肉、麵包和白酒。此外,他也更著重情侶關係的發展,強調他們在另一場野餐偶然重逢後的悲劇結果。總之,情侶們體認到自己錯失了維持恆久關係的機會,他們的分開已成定局。說來傷感,但這對情侶注定得分手。

　　深切的傷感和悲痛瀰漫在英國作家湯瑪士・哈代(Thomas Hardy)對妻子愛瑪(Emma)的野餐記憶裡,後者早已不再愛得死去活來。哈代在詩作〈野餐哪裡去了〉(Where the Picnic Was)提到對妻子去世的悲痛之情。但現在他已經和秘書佛羅倫斯・達格代爾(Florence Dugdale)來往密切,並即將迎娶她。舊傷與新歡的交融讓哈代彷如身陷陰陽界,好像生活在兩條平行線上──其中一條強烈感覺到愛瑪的存在,以及佛羅倫斯的肉體存在。詩中的真實野餐是快樂的,參與者有愛瑪和詩人威廉・巴特勒・葉慈(William Butler Yeats),還有頒給他英國皇家文學學會(Royal Society of Literature)金獎的亨利・紐博爾特(Henry Newbolt)。既然野餐是快樂的,那麼應該在詩中會重現一些那樣的臨場感。但哈代拒絕滿足我們的任何預期。在如茵草坪上的野餐是空的,愛瑪已死──並沒有深情的哀悼或追憶。也未提及是否有野餐籃。空無一物意味著有所失去,你只能從陰鬱的形容詞中找到所預期的野餐:

　　但兩位已經走遠

　　從這片綠草如茵的高地

　　埋入塵囂中

一個沒有野餐的地方，

還有一位——闔上了她的雙眼

永遠地。

　　至於佛羅倫斯如何忍受哈代的煩惱，我們不得而知，但她從未曾
抱怨他沒和她一起野餐。

CHAPTER FOUR

為什麼「野餐」
叫做「皮克尼克」

「皮克—尼克」(pique-nique)是字源不詳的一個法文字。只知道西元一六四九年它出現於一篇在巴黎發表，標題為〈酒鬼皮克尼克兄弟的永恆友誼〉(Durable Friendship of the Brothers of Bacchic Picnic〔Les Charmans effects des barricades, ou l' amite durable de la compagnie des freres Bachiques de Pique-Nique, en vers Burlesque〕)的不署名抨擊文章裡。此文旨在嘲諷於動盪的內戰期間，被稱之為「投石黨亂」(Frond)的路障英雄，亦即皮克尼克兄弟(Pique-Nique Brothers)，他們的美食主義和豪飲主張。在那段食物匱乏的時期中，這樣的諷刺文不啻是寫來導正皮克尼克這種美食主義所代表的新世代想法。凡玩笑者皆意有所指，所以這個「醉皮克尼克」(Bacchic Picnic)該是用來嘲諷某一既成的用餐習慣，而「皮克—尼克」則統稱擁有某種怪異性格的人。至於這個玩笑的戲弄對象是什麼或是誰則一無所悉。

食物和飲料的分享是「皮克—尼克」及其兄弟們所追求的，他們的這種習慣在巴黎社會推展開來之後，變得更加嫻雅，並普及到連博學的語言學家吉勒・梅那熱(Gilles Ménage)都不得不將其收入他的《法語語源詞典》(Dictionnaire Etymologique de la Langue Françoise)裡——其意指著每位客人都必須為桌面出一份力，分攤他的份(chacun paye son écot)的一種「時尚餐」。梅那熱認為這是佛蘭德人(Fremish)的習慣，但卻沒有提出任何佐證。值得注意的是，他斷然認為這個字詞和習慣是屬於都會的，屬於巴黎人的，因為它在別的省分聞所未聞。梅那熱更直白地指出，它是在某個沙龍或餐廳，在某種舒適環境中食用的室內餐。

你一定很好奇，梅那熱的「皮克—尼克餐」(repas à Pique-Nique)是如何從室內演變成戶外的「野餐」(picnic)的。簡單來說；正當兩個南轅北轍的餐會——法文的 Pique-Nique 和同詞源的英文 Picnic 在爭主導權的同

時，語言的演化也悄悄地在進行著。英法百年來的政治現實所帶來情感問題也表現在活絡的語言交換和戰爭上。法國頑固地堅稱梅那熱的定義才是Pique-Nique的唯一詮釋。這個字正式被納入《法蘭西學院辭典》（*Dictionnaire de l'Académie Française*）後，人們無異議地採用了梅那熱的定義，且支字未動地繼續使用了一百多年。為了語言的方便使用，英文在遍尋各種可能性之後，終於選定 pic-nic 或 pic nic，不過重要的是它仍被視是一種室內餐，直到西元一八〇六年，童書出版商約翰·哈里斯才稱一場在戶外的婚宴為野餐晚宴（pic-nic dinner）。因為這次的改動在英國並沒有引起爭議，所以我們可以假設哈里斯的文字用法在口頭上已有使用，且其他戶外的餐宴也極普遍，只差沒私下或公開報導過罷了。人們接受戶外皮克尼克的速度非常之快，不到五十年的時間，室內皮克尼克就已過氣，並被英文的百樂餐（potluck）餐宴所取代了。「百樂餐」要比「皮克—尼克」（Pique-Nique）早上一世紀，現在一般是指客人得各自帶餐點去共享的餐宴——其實它是伊麗莎白女王一世時期的習俗，最早是在英國作家兼劇作家湯馬士·納許（Thomas Nash）的小品《奇聞》（*Strange News*）及劇本《仲夏最後的遺囑》（*Summer's Last Will and Testment*）中被提及。

皮克尼克的遠親：「瑪琳達」和「美連答」

　　一般而言，法國人並不理會這樣的轉變，他們依舊堅持「皮克—尼克」（pique-nique）必須在室內舉行的信念。他們佯裝不知英文把它從室內搬到了室外，如同長久以來他們對於義大利文的「瑪琳達」（merenda）和

西班牙文的「美連達」(merienda)也一樣視而不見，因為兩者都不是室內餐。阻礙了「皮克—尼克」(Pique-Nique)和西班牙文「美連達」作連結的原因在於法國的餐宴為室內餐且供餐的食材準備或費用必須由大家分攤，但西班牙的餐宴則受招待於戶外。舉例來說，梅那熱可能從米格爾·德·賽凡提斯的小說《唐吉訶德》，特別是第四十九篇中與副牧師(Curate)共進的午餐中，得知戶外舉行的「美連達」；亦或從西班牙詩人兼作家弗朗西斯科·德·戈維多的《騙徒》(Francisco de Quevedo, *The Swindler*)一書裡在田園之家(Casa de Campo，至今仍是馬德里的知名公園)所舉辦的餐宴中知曉「美連達」的。不管怎樣，由於在戶外舉行，所以梅那熱不列入考慮，而這些字也與「皮克—尼克」的型態不符。

由於拉丁文的「瑪琳達」是用來指稱下午的輕食或點心，所以法文便略過它。「皮克—尼克」乃是食用者分享供餐與分攤費用的一種餐宴。它不是一餐點心。身為重要詞源家兼希臘文、拉丁文學者的梅那熱找不到它的歷史出處和連結。至於在極具權威性的西班牙神學家聖依西多祿的知識百科全書《詞源說明》(Isidore of Seville, *The Etymoligies*)裡，「美連達」(merienda)是一頓介於午餐與晚餐，在下午食用的餐宴。約翰·弗洛里奧則在頗具影響力的英義字典《字海》(John Florio, *A World of Words*)中將「瑪琳達」(merénda)定義為一頓「介於晚餐與午餐之間的餐點」，但他沒有提及它的供餐地點，亦或它是否為一頓分享餐。雖然「美連達」的概念在歷經千年後已有所改變，但梅那熱睬都不睬，他暗示「皮克—尼克」(pique-nique)才是巴黎人的文字。

其他人則隔三差五地提出一些不合邏輯的非語言與押頭韻之連結和臆測。一名好心的英格蘭人亞瑟·威爾遜先生(Mr. Arthur Wilson)確信

「皮克尼克」（picnic）是瑞典字，因為他在瑞語字典中找到了它，儘管瑞典人從未聲稱過有這個字。《哥倫比亞百科全書》（*Columbian Cyclopedia*）的編輯群則堅稱它「極可能是英國首創的字詞：法文的皮克—尼克（pique-nique）出自英文的皮克尼克（picnic），不可倒過來說。」英國美食作家佩申思・格雷（Patience Gray）推測，「瑪琳達」（merenda）源自於「瑪倫」（merum，拉丁文「純的」之意），她在義大利食譜《野草蜂蜜》（*Honey from a Weed*）裡推斷，因為義大利人在野餐中飲酒，所以它必須是純的，因此野餐為瑪琳達。這絕非事實。詹姆斯・比爾德的《宴客菜單》和費雪的〈野餐的樂趣〉提出了另類看法，認為「真正的」野餐必須在戶外舉行，並且遠離住家。在費雪完成該篇文章的一九五三年，只有瘋子才會在室內野餐。重點是，無論比爾德或費雪都不認為野餐者必須支付或分攤餐點的費用——它破除了每個人都必須帶些東西去野餐的陳窠想法。

 ## 一場歷史上美麗的誤會

戶外野餐的概念具有強烈的歷史感染力，幾乎所有無關乎歷史時間或地點背景的類野餐聚會都被視作為野餐。也就是說這其中有許多的歷史錯置，但或許也有些的確和野餐的語言演化有關。古巴比倫人若知道他們在新年慶典的第九天，跟隨國王和祭司到田野廟堂祭祀是去野餐，可能會感到很訝異。古中東文化歷史學家杰里米・布萊克（Jeremy Black）則認為離開城市到田間就是一場特別「祭祀野餐」——誠然這是種歷史錯置，不過這些也只不過是為了向已經熟悉野餐的聽眾解釋某件事而找出來的字眼。

古典希臘文裡沒有可以稱之為「野餐」的字詞。但為了幫它找一個較適當的字，當代翻譯群便將古希臘劇作家阿蒂卡米南德的喜劇作品《古怪人》（Menander, *The Bad-Tempered Man*）裡的節慶餐譯為野餐：此劇嘲諷了一個為了得到婚姻祝福的家庭，他們準備好餐宴，並在牧神潘位於雅典山上的神殿中供奉祭品。因為是遠離住家用餐，當今的譯者便稱它為野餐。《古怪人》的譯者漢德利（E. W. Handley）、摩利士·巴爾梅（Maurice Balme）和羅伯特·洛伊德（Robert Lloyd）可能因為現今對「吃野餐」的語言熟悉度而將其稱為野餐。巴爾梅將祭品當作古怪人克內曼（Knemon）嘲弄的對象，他說：「這些祭品是這些魔鬼做的！／他們帶著他們的帶蓋食物籃和他們的罎子／罎子裡的酒不是給神而是給他們自己喝的。」

著名的羅馬文化歷史學家凱瑟琳·頓巴賓在她對羅馬飲食習慣的全面研究《羅馬餐宴》（Katherin Dunbabin, *The Roman Banquet*）一書中論及野餐。她清楚知道歷史的錯置，但她說，以野餐來稱呼羅馬人坐在逝者墳旁的石桌椅上所享用的餐點，亦或一次成功的狩獵之後的盛宴，最適合不過了。第四世紀的賽弗索狩獵銀盤（Sevso Hunting Plate）中央大勛章上刻有一座棚架，棚架底下有四名男士和一位婦女斜躺在置於餐桌旁的厚墊枕（stibidium）上。正當這些狩獵者在吃喝玩樂的同時，僕人們正忙於屠宰、準備和烹煮食物，現殺的動物有：麋鹿、鹿、熊、野豬和魚──這就是一頓野餐。

其他類野餐的場合也出現於古羅馬作家奧維德、普魯塔克（Plutarch）、塞內卡（Seneca）和阿忒那奧斯（Athenaeus）等人的作品中。奧維德的《節慶行事曆》（*Fasti*）描繪出了關於安娜佩壬娜（Anna Perenna）──一個在羅馬郊區聖林中舉行的新年慶典，在那裡，「普通百姓都來了，他們分散在各

處的綠草皮上喝酒，每個小伙子都斜躺在他的女朋友身旁。」普魯塔克則在《餐桌談話》（*Table Talk*）中提及七月七日朱諾（Juno）女神的慶典（Nones Caprotinae）和一場在海邊的戶外盛宴。塞內卡的《給盧西利厄斯的勵志信》（*Moral Letters to Lucilius*）描述了一場被視為人生當中偉大而簡單的享受之一的鄉下午宴，在那裡人們可以邊吃無花果邊細數人生的美好。

　　尋求正確的字眼並將戶外餐標誌為野餐可說是很普遍（且合情理）。據蘇格蘭歷史學家湯瑪斯‧卡萊爾（Thomas Carlyle）所撰，在西元一六五四年十月的一個溫暖的夜晚，英國的護國公科倫威爾（Cromwell）在海德公園野餐。雖說科倫威爾的確在海德公園的草地上用餐，但在西元一六五四年那個時候並沒有任何英文字可以用來稱呼它。科倫威爾的大臣報告說道，「殿下在秘書圖爾洛（Thurloe）、極少數紳士和僕人的陪同下，到海德公園呼吸新鮮空氣，他特別帶上幾道肉類的菜餚並在那裡辦起他的餐宴。」既然那是一次愉快的戶外餐，儘管它的結尾不怎麼開心，卡萊爾的結論是，它肯定是一場野餐。寫於西元一八六八年的卡萊爾認為，若能以悠哉的方式在戶外用餐的話，它就是野餐，而現在我們就是這麼定義的。

到底誰先開始用「皮克尼克」？

　　野餐（picnic）的詞源曲折，需作語法分析。為何法文會將「皮克」（pique）和「尼克」（nique）連結在一起，這是個連前文所及的作家奧斯伯特‧西特韋爾也不想追究的謎題——「皮克尼克」（Picnic）是一個醜陋的字眼，他寫道，「一個忙碌、任性的普通字，犧牲所有的尊嚴卻換不來

一絲補償性的自在感。」無論醜陋與否,「皮克」(pique)和「尼克」(nique)的合併自有其語言上的道理。但這麼合併卻往往造成詞源學上的混淆和挫敗。西元一九一一年版的《大英百科全書》(*Encyclopedia Britannica*)便指出,法文中「皮克—尼克」(pique-nique)或許是一個押韻字或是一種小巧的古法幣皮克(pique),或是跟動詞皮克爾(piquer)有關,意思如「扎」(prick)。《藍燈書屋辭典》(*Random House Dictionary*)則重申,「皮克尼克」(picnic)可能是一個出處難辨且省略了「尼克」(nique)的押韻字。《韋伯斯特修訂完整版詞典》(*Webster's The Revised and Unabridged Dictionary*)、《梅里亞姆—韋伯斯特新國際辭典》(*Merriam-Webster's New International Dictionary*)和《法國烹飪百科全書》(*Larouse's Gastronomique*)也是這麼主張的。艾瑞克・帕特里奇(Eric Partridge)的《字的起源:簡易現代英文詞源詞典》(*Origins: A Short Etymological Dictionary of Modern English*)僅就「皮克」(pique)稍作解釋,但對「尼克」(nique)則隻字未提。帕特里奇認為「皮克」(pique)源自於「皮款特」(piquant)——意思是「辛辣的」,但是他佯裝從未見過「尼克」(nique)。《牛津英語詞典》(*Oxford English Dictionary*)則提供了最佳詞條,它強調歷史而忽視字源——亦即默認了它的模糊性。

在E・C・布魯爾(E. C. Brewer)所編輯的一本實用的《布魯爾成語和典故辭典》(*Brewer's Dictionary of Phrase and Fable*)裡,他籠統地寫道,「皮克尼克」(picnic)和「皮克—尼克」(pique-nique)皆源自於義大利成語「皮寇拉尼奇雅」(piccola nicchia,一個小任務)。但他的根據是混亂且錯誤的。約翰・安東尼(John Anthony)早已經錯誤地解釋過,如果piccola nicchia去尾成 picc'和 nicc'後,它就很容易轉化成pique和nique了。不管是安東尼或布魯爾都沒有考慮到義大利人並未使用picnic這個字詞,他們

是以colazione sull' erba（草地上的午餐）、scampagnata（外出）或merenda（瑪琳達）等字來表示他們的各式「皮克尼克」（picnic）。兩人也全然不知西班牙文merienda的習慣用法，亦或故意忽略它與picnic的關聯性。布魯爾所提出較具意義的意見是：picnic或許可以連結到希臘文的eranos，參與eranos這種希臘餐飲習俗的客人都會為餐宴帶來一份貢獻。此字的引用見諸荷馬的《奧德賽，第一冊》（Homer, The Odyssey, Book I），忒勒瑪科斯（Telemachus）曾生氣地抱怨說佩涅羅珀（Penelope）的追求者應該要分攤她為他們準備的餐點。表面上，這種分攤習俗看似野餐的方式之一，但eranos的習俗並沒有保存下來。根據阿特納烏斯在《宴飲叢談》（Athenaeus, The Deipnosophists）中的評論，它在西元第三世紀時已是過時的習俗了。到了西元十七世紀末，eranos變成專指貸款的銀行用語。這種變革可是我們之所以漠視忽略其原始意涵的理由之一。現代的野餐定義也改變了，當布魯爾在編他的詞源書時，野餐的共同分攤概念已非其中要素。

時髦的巴黎「皮克尼克」

到了西元一七五〇年，「皮克—尼克餐宴」（repas de pique-nique）已經是巴黎時髦的社交活動——且常被認定為貴族間的慣常性活動。根據菲利貝爾—約瑟夫·魯的《漫畫、諷刺、批判、滑稽字典》（Philibert-Joseph Le Roux, Dictionaire comique, satyrique, critique, burlesque），它主要流行於那些在家或在夜總會都愛好賣弄風趣的上流社會之中。新的轉變則是參與野餐者被要求帶食物飲料或分攤費用。即便皮克—尼克餐宴（un repas de pique-nique）逐漸成為社會的新趨勢，它卻不受作家和畫家的青睞。魯所謂的野餐

「皮克—尼克」也只是一種室內的社交餐宴，儘管上流社會彬彬有禮地在公園和花園用餐的戶外景象十分普遍，並經常出現在讓—安東尼·華鐸與同期的讓·弗朗索瓦·德·特魯瓦、弗朗索瓦·勒穆瓦納（François Le Moyne）和卡爾—安德烈·凡·路等人的畫作上。這些畫家都極力避免使用「皮克—尼克」來指稱戶外餐，他們以華鐸的敘詞「田野餐宴」（Fête champêtre）和「盛宴」（Fête galante）來指稱社交與浪漫的娛樂活動，以及狩獵者於狩獵中或狩獵後的餐宴。自西元一七一三至一七二三年間，華鐸的畫作，如《四人行》（The Foursome）、《公園聚會》（Assembly in a Park）、《公園餐宴》（Fête in a Park）和《田野餐宴》（Fête Champêtre）等，就以描繪這種景象著稱。華鐸的畫作中最近似野餐「皮克—尼克」的是一幅小號油畫《小宴》（The Collection，又名《戶外小宴》〔Imbiss in Freien〕），畫中有兩對看似親密的情侶在草地上吃午餐。他們在草地上的模樣狀似我們現在的野餐，但這位藝術家並不是這樣稱呼它。類似的情況也出現在華鐸另一幅大號作品《狩獵中的會合》（Rendezvous de Chasse，後更名為《狩獵中的暫停》〔The Halt during the Hunt〕）。它堪稱是此類型畫作的代表，呈現出了一群獵人為了和妻子或同伴會合而停留在田野吃午餐的景象。總之，華鐸獨獨遺漏了食物，暗示這只是幽會的藉口。

　　無論如何，畫家間形成一個默契，「皮克—尼克」並不是戶外午餐。後來這個字詞逐漸流傳開來，並出現在一首巴黎街頭傳唱的歌曲（約一七四八～一七五〇年）中，它的私密性被用來與公開宴會作對照：

　　這是一個怎樣的公開宴會呢？
　　它是野餐嗎？

不，

它是一場狂歡

被拿來，他們說，

慶祝和平。

而所有這些精緻的準備

都由市府買單。

　　約在巴黎人傳唱著野餐與公開宴會的同時，讓─雅克·盧梭以他所謂的「野餐」方式與朋友一同在家裡用餐，他或許也會喜歡「野餐餐宴」，但如果他邊走邊吃午餐，那也只能算是郊遊時吃的小餐（petite goûter）。《懺悔錄》也展現了盧梭的兩種用餐方式，一在室內另一在戶外，但兩者間並無交集。西元一七六七年，盧梭在寫作時憶起一七四五至一七四七年間，他和哲學家埃蒂耶納·孔狄亞克神父（Abbé Étienne Condillac）私自在家用餐的情景：他有時候得私底下和我一起享用「皮克尼克餐宴」，但他和他的導師兼愛人弗朗索瓦─路易斯·德·華倫（François-Louise de Warens）在香貝里（Chambéry）邊走邊吃就不叫「皮克尼克」了。就連他跟友人格拉芬瑞德小姐（Mlles. Graffenried）和加里（Galley）一起吃的午餐也不算是「皮克尼克」。全因歷史的錯置，這些才被稱為「野餐」，而科恩（J. M. Cohen）在西元一九五四年譯就的《懺悔錄》也是這樣看待的。就拿「小餐」那一段來說，科恩明白地翻譯為，盧梭說：「我們隨身帶著一份野餐到尚波，我們真心喜歡它。」這段譯文適切地勾勒出了事件本身及其相關想法，它是正確的。但盧梭的原文為：我們隨身帶著一份「小餐」到尚波，我們吃得很盡興（Nous portâmes aux Champeaux un petit goûter, que nous mangeâmes de grand appétit）。

西元一七五〇年代後的巴黎，餐廳逐漸流行，但習慣費用分攤的「皮克尼克」型態餐宴還時有所聞。魯在他的字典中透露巴黎人或許是在夜總會裡「皮克—尼克」的。阿貝爾·博耶就直接多了，他的《法英與英法皇家詞典》（Abel Broyer, Le Dictionnaire Royal François-Anglois et Anglois-François）解釋道，相對於上述「清算式夜總會餐」的委婉說法，「皮克尼克」意味著餐費的分攤。麗貝卡·斯潘的《餐廳的起源》記錄了巴黎餐廳的崛起和外食人口的增加，並認為餐廳中每位用餐者得分攤費用的餐宴就是「皮克—尼克」，「每個人都得付錢。」這是盧梭的習慣，他在回憶錄《孤獨漫步者的遐想》（Reveries of a Solitary Walker）裡提到曾在著名的「在魏卡辛」餐廳裡吃了「皮克—尼克」式餐宴。比起在家用餐，餐廳的費用分攤顯得容易且實際多了。由於盧梭經常青黃不接，他可能更樂於此道。這個習慣發展到最後，到了西元一八八七年，被稱之為荷蘭式請客（Dutch treat）——各付各的——一個聲稱源自美國的語詞。

專屬英國貴族的「皮克尼克」

到了西元一七四八年，貴族間的沙龍聚會（assemblées）有時也被視為「皮克—尼克」的一種，但在英國除外。下述情狀算是當時萊比錫（Leipzig）的一種社會特色，查斯特菲爾德勛爵（Lord Cheterfield）會詢問兒子菲利普都作何消遣，他問道：「我知道你有時參加瓦倫丁夫人的聚會，你都在那裡做些什麼呢？只是吃喝玩樂？還是純粹聊天？」雖然我們不知道菲利普是怎麼回答的，但切斯特菲爾德卻於西元一七四八年十

月二十九日回應：「我喜歡你的皮克尼克描述，我確信，你的紙牌在那裡只會破壞圈子的正式性，且你的座談會只會帶來更多的交談而非吃喝。」至於切斯特菲爾德在兒子回答他之前是否就已知曉「皮克尼克」，這一點我們不得而知。但倫敦似乎並不流行「皮克尼克」，不然切斯特菲爾德一定會有所接觸。納森・貝利的《詞源》（Nathan Bailey, *Etymological Dictionary*），以及塞繆爾・詹森的《英語詞典》（Samuel Johnson, *A Dictionary of the English Language*）皆略過「皮克尼克」（picnic）這個字詞。（詹森選擇他的英語字典裡盡量在少用法文字。）

十五年後，瑪麗・蔻克夫人（Lady Mary Coke）在一七六三年的社交季期間，從德國漢諾威（Honover, Germany）寫信致其妹：「昨晚我參加了一個在這裡稱之為皮傀尼克（Picquenic）的募款舞會。」雖然「舞會」是社交界人士熟悉的，不過「皮傀尼克」卻鮮少人知曉。十年後，喜劇劇作家塞繆爾・富特在他的作品《富豪》（Samuel Foote, *The Nabob*）裡開了所謂的「尼克磊克」（nick-nack）餐宴的玩笑。至於「尼克磊克」這個磨人的頭韻詞，也只有讀者知曉它指的就是「皮克—尼克餐宴」，才能發揮笑果。英國女作家柯奈莉亞・奈特（Cornelia Knight）於西元一七七七年前往義大利的路上，在法國土魯斯作短暫的停留期間，參加了一場皮克尼克之前是否聽聞過它則無法臆測。她在日記中寫道，她接受款待，參加了一場「皮克—尼克」餐宴並且跳舞，但是她沒有提及餐宴的主題。

西元一八○二年，英法間發生戰爭。戰爭稍為平息之後，超過兩百位貴族的一群人組織了「野餐社團」（Pic Nic Society）。他們不僅將pique-nique英語化了，更試圖在盛宴開始之前製作各式戲劇性娛樂，然後以賭博作結尾。《野餐》（*Pic Nic*）雜誌的編輯威廉・庫姆（William Combe）向那

些不知情的人們解釋,「野餐」(pic nic)其實是意指「一頓分攤費用的餐宴」,但他言之草率,幾乎沒有提及它的法文根源。諷刺的是,毀掉「野餐社團」的並不是它的法文背景,而是在倫敦德魯里巷經營劇院且怕收入減少的威廉·布林斯里·謝立丹。隨著「野餐社團」的爭吵無意中登上了地方報紙;有一批漫畫家,特別是詹姆斯·吉爾雷,便嗜血地批評所有牽涉其中的人士,此舉令一向渴望醜聞的倫敦人雀躍不已。其中流傳最久的就屬吉爾雷的〈炸毀野餐社團:——或——滑稽演員吉珂德攻擊玩偶們〉,該漫畫對待謝立丹和阿爾比納·巴金漢歇爾夫人(Lady Albina Buckinghamshire)尤其尖酸刻薄。他身穿一件破舊的小丑裝,她則裸露前胸。不過這幅野餐漫畫針對的是人而非野餐餐宴。無論如何,或許你會嘲笑這樣的暴飲暴食,不過它的惡名卻造就了 pic nic 的語言魅力。吉爾雷一舉將 picnic 從昏黯中帶到英文用語的燈光下。即便之前從未聽過或吃過野餐的人,現在也會竊笑貴族們的荒誕行徑。甚至十六年後,約翰·濟慈(John Keats)在寫給喬治和喬治雅納·濟慈(George and Georgiana Keats)的信裡也用了 pic nic 這個詞:當你們想到要送我人物素描時,或許那幅大西洋彼岸都知道的小幅野餐醜聞畫也是不錯的。

就在「野餐社團」逐漸被人淡忘以後,「野餐餐宴」(pic nic dinners)仍多次出現在兩本童書中:約翰·哈理斯的《知更鳥和雌鷦鷯的求愛、婚姻快樂和野餐宴會》以及瑪麗·貝爾森·艾略特的《老鼠們和牠們的野餐:一個好的勵志故事》。「野餐餐宴」到底是什麼,這實在令人感到困惑,因為哈理斯把它當作是戶外宴會,而艾略特則將它設在一間倫敦市政府的食品儲藏室內。大眾最後同意哈理斯的說法,他被公認是首位稱戶外宴會為野餐的人士。這是一次偶發的語言大躍進,將原本平

行的兩種飲食習慣，亦即室內的野餐 pique-nique 餐宴和先前沒有名字的戶外餐，合而為一了。然而這樣的改變，無論英國人或法國人，似乎都沒有察覺。它就這麼無聲無息地被接受，慢慢地被當作英文而非法文使用，於是戶外餐終於有了自己的名字。

野餐的別名：狩獵餐、流浪餐，還是鄉村餐？

十九世紀初期，法國藝術家和作家並不樂意以 pique-nique 來稱呼戶外聚會，它不是首選字。我們從薩瓦蘭的《味覺生理學，或先驗美食的沉思》(*The Physiology of Taste, or Meditations On Transcendental Gastronomy*)中瞧見端倪，他在書中稱它為「狩獵中的暫息」；古斯塔夫‧福樓拜的《十一月》則稱「一場外出」(une partie)；古斯塔夫‧庫爾貝的《狩獵野餐》則叫做「狩獵餐」(le repas de chasse)。愛德華‧馬奈和克勞德‧莫內的《草地上的午餐》(*Luncheon on the Grass*)則以法文 dejeuners sur l'herbe 示之。埃米爾，左拉和馬塞爾‧普魯斯特儘管作品中都出現過關於野餐景象的描述：前者於《瑪德連‧菲哈》(*Madeleine Férat*)，而後者則在他的《在少女們身旁》，他們也都不使用 pique-nique 這個字眼。普魯斯特的說法是「馬塞爾和他的友人坐在草地上，打開裝有三明治和蛋糕的袋子」。法國畫家費爾南‧雷捷(Fernand Leger)則替最重要的平版印刷系列畫之一取了通俗的名字——《鄉村一日遊》(*Partie de campagne*)，而尚雷諾也為他的諷刺性科幻喜劇電影取名為《草地上的午餐》。

珍‧奧斯汀是首批為「野餐」命名的英國人之一。她的小說《愛瑪》出現了兩次戶外的野餐，首次是在喬治‧奈特莉位於唐艾比的草莓園

中，而第二次則在薩里郡盒山。然而威廉‧華茲華斯從不使用「野餐」（picnic）這個詞。他的妹妹桃樂絲‧華茲華斯曾於西元一八〇八年短暫使用過它，但她在西元一八一八年完成的旅遊散文則以〈一八一八年十月七日遠足登上斯可斐峰〉做為標題，在山頂上的野餐僅僅就是另一次的餐飲：「我們在夏日的暖意下吃晚餐；寧靜的四周彷如另一個世界。」

查爾斯‧狄更斯的《匹克威克外傳》有兩段不被稱為「野餐」（picnic）的野餐情節——一段在平板馬車上，另一段則發生在一次外出打獵的田野中。同樣地，狄更斯也在他的《美洲雜記》（*American Note*）提及在密蘇里州聖路易斯市郊草原上的一頓餐飲是他吃過最好的戶外餐之一：「我們為了取水方便，紮營在一座堅固的木頭屋附近，並在這塊平原上用餐。」這無疑是野餐，但狄更斯卻沒這麼稱呼它。這也是一場盛宴，是一個野餐者恣意吃喝的典型例子。

有時候人們也委婉地稱英文的「野餐」為「流浪餐」（vagabonding）、「鄉村餐」（ruralizing）或「吉普賽餐」（gypsying）。吉普賽營火會裡的食物、咖啡和茶總是供應無虞。非野餐命名者的威廉‧華茲華斯在他的《郊遊》（*The Excursion*）裡這麼描述他前往格拉斯密爾湖作客的一個夜晚，晚會中整個團體圍坐在「吉普賽之火」旁，一名年輕女孩唱著簡單的歌謠，他們享用著晚餐、放鬆心情並且流連忘返。安德魯‧哈貝爾（Andrew Hubbell）認為該景象的描述顯示出野餐是華茲華斯發明的。這麼說就言過其實了，可是不這麼說，當哈貝爾陳述野餐是「休閒時間的最佳去處」時便要成為眾人的撻伐目標了。

珍‧奧斯汀在作品《愛瑪》裡面所提到的吉普賽式就是簡化式。好管閒事的埃爾頓太太最初希望隨意就好：「不拘泥於形式或遊行——吉

普賽式的宴會。」後來她又有了新的想法，包括一次的「野餐式遊行」。愛瑪表面上順從，但她的內心其實是反對的，因為她很難贊同埃爾頓的看法，說「最好不要辦太大型的宴會」。查爾斯・羅伯特・萊斯利在油畫作品《倫敦人的吉普賽式宴會》（Charles Robert Leslie, *Londoners Gypsying*）中描繪有一個家庭的鄉村宴會，地點可能是在倫敦的漢普斯特德荒野公園（Hampstead Heath）。狄更斯的《塊肉餘生記》則利用野外生火的方式煮水泡「吉普賽式」的茶飲，至於大衛在朵拉・斯彭洛的野餐生日宴會中發展出對她的浪漫情懷則敘述於〈快樂時光〉（Blissful）篇章之中。

艾略特和哈理斯的故事之所以影響深遠，歸因於它們替未來的童書作者創立的模式。即便是其中帶有野餐情節的部分書單也令人印象深刻。《湯姆歷險記》、《綠野仙蹤》、《柳林中的風聲》、《秘密花園》、《小熊維尼》、《小象巴貝兒的野餐》、《飛天萬能車》和幾本米老鼠故事書都出現了野餐情節。其中最令人難忘的是一首甚至沒有舉辦野餐的經典歌曲〈泰迪熊的野餐〉（The Teddy Bears' Picnic）。根據愛爾蘭音樂人吉米・甘迺迪（Jimmy Kennedy）填寫的歌詞，大伙熊玩遊戲，又唱又跳，不過沒吃也沒喝；它既不是玩笑也不帶嘲諷。對於起源和歷史的質疑都消退了，現在重要的是「驚奇」，以及「泰迪熊們就在今天要去野餐」。

高貴野蠻人的室外餐宴

「野餐」首次被當成紐約笑話乃出現在《大雜燴期刊》（*Salmagundi; or, Whim-Whams and Opinions of Launcelot Langstaff Esq., and Others*）上。管它是華盛頓・歐文（Washington Irving）還是他的同事菲茨格林・哈萊克（Fitz-Greene Halleck）

寫就了這篇諷刺文，總之「野餐」意味著笨事一樁。在標題為〈長青安東尼的流行物〉(Fashions by Evergreen)的一文中如此寫道：「野餐絲襪，帶有網眼繡花花紋，鮮肉色彩，是最時髦不過了。它顯露出兩條腿的形狀——。這雙絲襪不小心沾上了泥巴，為了搭配長裙，它最好裹上三英吋深的時髦彩色泥巴。」身為親英派的歐文可能是在西元一八〇四至一八〇六年間到歐洲旅行，發生了野餐社團醜聞後才採用了這種用語的。至於歐文雜誌所選用的名字——「大雜燴」，也很有野餐味，將冷沙拉、肉類和熟煮蛋通通弄成一盤，不僅上桌容易，也能變化成各種野餐食物。隔年，「野餐」又出現在查爾斯‧威廉斯(Charles Williams)的哈理斯童書山寨版《求愛、婚姻快樂、知更鳥和雌鷦鷯在費城的野餐宴會》(The Courtship, Merry Marriage, Pic-Nic Dinner of Cock Robin and Jenny Wren in Philadelphia)一書中，但未能引起注意。十五年後，美國作家詹姆士‧菲尼莫爾‧庫柏也在他的歷史小說《拓荒者》(James Fenimore Cooper, The Pioneers)裡用了「野餐」(picnic)這個字詞，但不具任何意義。它是從一個喝醉的文盲角色幫浦本尼(Benny Pump)口中說出來的，幫浦本尼吐出一連串前言不搭後語的字眼——「猴子」、「鸚鵡」、「野餐」、「柏油淺鍋」和「語言學家」。這一長串押頭韻的字所帶來的效果顯示「野餐」不僅毫無意義還有點粗俗。這就要問庫柏本人了，他可能比較清楚，但小說發生的時間是在西元一七九七年，當時的美國用語還沒有「野餐」這個字詞。庫柏最後終於在他的小說《家鄉面貌》(Home as Found)裡提到上流社會的野餐，但他稱它為「草地上的餐宴」(rustic fête)。托馬斯‧科爾鄙夷地選擇了野餐做為主題完成他的油畫作品《野餐宴會》——這件作品很重要，因為它是一場不容錯認的戶外宴會，並隨即確立了野餐成為美國藝術家的一

個重要題材。

　　美國人於西元一八六九年時宣稱野餐活動是基本人權。一篇登在《阿普爾頓的期刊》(*Appleton's Journal*)的未署名文章〈野餐郊遊〉(Picnic Excursions)中宣稱：「野餐幾乎是人類近乎完美的享受型態，是所有男人、女人和小孩的基本信仰，」接著又說：「但這種社交活動最迷人之處無疑是在它所帶來的自由。我們邊吃邊聊，邊躺邊說，四處走走，就像原始生活般地無拘無束。將我們從文明社會帶往荒野充滿了魔力。」這麼說來，野餐無庸是屬於美國的，因為這樣的休閒活動是他們辛苦工作換來的。美國畫家溫斯洛・霍默所畫的《野餐郊遊》(Winslow Homer, *The Picnic Excursion*)描繪出了一個包含十一名婦女和兩名男士的團體，停在路邊小吃小酌一番的景象。正當兩名婦女注視著一名男士打開酒瓶之際，一隻結實的小梗犬也露出頗不以為然的眼神瞧了過去。

　　在野餐從室內演變成戶外用餐之前，美國人、英國人，亦或每一個野餐者，皆樂於享受他們在沙龍、宴會廳和餐廳中野餐的舒適感。如今野餐要走出戶外，人們懷抱著相同的預期卻情境完全不同，他們多了一份身處大自然的悠哉感。這並不是什麼新鮮事，但評論者卻特別強調回歸自然並在它的各種風貌中悠遊，他們以觀光客的心態去野餐。

　　奧斯伯特・西特韋爾率先提出，戶外野餐證明了人們的野性，並說，就其他方面都平淡無奇的人而言，在天然環境下用餐算是最基本的野蠻行為了：「你再次成為野蠻人，」他半開玩笑地假設「成為一名隱居出山的高貴野蠻人，亦或因船難而在荒島待上幾小時的水手。」這種誇張的說法亦見於喬治娜・巴提斯康的《英式野餐》這本精彩的歷史書，

巴提斯康因為受到西特韋爾的影響而得出相同結論。帶著英國人典型的沉著個性，她寫道：「英國野餐者崇尚簡單的生活；短暫模擬一下高貴的野蠻人。在浪漫主義崇尚自然蔚為流行之前，從未有人將戶外找個地方進餐的概念和愉悅聯想在一起。」巴提斯康和西特韋爾皆有誇大之嫌，雖然她的誇張可能出於玩笑。到頭來巴提斯康自身的開化文明範例還是說明了她對假高貴野蠻人的不贊同，但事實顯示，這些都無損於巴提斯康的英式野餐。

溫斯洛‧霍默，《野餐郊遊》，木刻版畫。出自《愛波頓文學科學藝術雜誌》（Winslow Homer, The Picnic Excursion. *Appleton's Journal of Literature, Science, and Art*, August 14, 1869）。

想擺脫這個平庸的世界，就去野餐吧！

　　這是一本有關野餐，以及在英國、美國、歐洲野餐的歷史書。由於人們的野餐遍及全世界且習慣無奇不有，所以必須有所篩選。在真實生活和藝術中出現了成千上萬的各類野餐記載。故本書所討論或提及的項目不得不有所取捨。

　　雖然野餐自由地漫遊於真實和虛構的歷史範疇中，但要找出它們卻相對困難，主要是因為它們通常都沒被編入索引。只有少數人嘗試追尋它們的歷史意義，對於他們的努力我們應該給以極大的肯定。喬治娜·巴提斯康的《英國野餐》起了個頭並被視為標竿。她常被引用，但更常未能標明出處，做為有關野餐的學術研究。其他值得我們感謝的還有奧斯伯特·西特韋爾（Osbert Sitwell）、卡特·克雷吉（Carter W. Craigie）、瑪麗·艾倫·赫恩（Mary Ellen Hearn）、凱倫·愛爾（Karen Eyre）和米瑞爾·嘉禮諾（Mireille Galinou）、珍妮—瑪麗·達布萊（Jeanne-Marie Darblay）和凱若琳·馬梅·波爾派（Caroline Mame de Beaurepair）、茱麗亞·切爾格（Julia Csergo）和弗朗辛·巴特—德洛依齊（Francine Barthe-Deloizy）等人。

　　羅伯特·路易斯·史蒂文森（Robert Louis Stevenson）在〈野餐精神〉（the spirit of picnic）一文中稱美感本於身處在一個好地方。葛楚·史坦同意並試圖在散文〈法國〉（France）中捕捉它的本質，史坦寫道，「郊遊，什麼是郊遊，郊遊就是野餐，如果它一再發生，它是野餐，如果無法缺席，它是野餐，如果是必須的，它就是野餐。」她更在詩作〈每一下午〉（Every Afternoon）中明確地表達出了這些期待。

我們將要去野餐，

噢，是的。

我們非常高興。

非常高興。

又很滿足。

又很滿足。

一年後，作曲家艾瑞克・薩提（Erik Satie）發表了一首長達二十五秒鐘的音樂玩笑曲〈野餐〉（Picnic）！

若將感覺因素放在一旁，其他人會說，對於野餐的感覺還需要加上食物和飲料，且認為缺少了這些東西就不算是「真正的」野餐。至於真野餐和偽野餐是否真有區別則尚待釐清。史坦和她的伴侶愛麗絲・托克拉斯經常帶著一個裝有三明治的籃子，駕著她們的福特汽車去野餐。托克拉斯將此情節寫進她的《愛麗絲・托克拉斯的烹飪書》裡，但她的寫作感覺重於食物。

沒有兩次野餐是一樣的。只因為它們擁有相同的型態，所以看來都很類似。並非每個人都會離開住家，高高興興地在戶外用餐。事實上同樣是野餐主題會呈現出各種不同的樣貌，快樂的人有快樂的野餐，而不快樂的人的野餐也不會快樂。作家和藝術家在想像空間裡盡情發揮出他們所選擇的野餐，但你會注意到——他們多少需要一點虛張的勇氣。

現實生活中的野餐具有可觸知、鮮活、宴飲享樂的好處。真實的

野餐結合了準備、期待及真實體現等階段。你可以在真實野餐時品嚐到食物。而比擬式的野餐則提供了其他樂趣和智性刺激。它們是作家、畫家、音樂家的創作作品，揭櫫了除歡樂外的衝突和緊張。它們可說是和真實生活裡的野餐面向相對立。而比擬式野餐的寬廣和頻繁也證明了創作力的永恆價值。這是另一項驚喜，正當野餐成功地為忙碌的世界帶來消遣娛樂之際，想像創造力也扭轉了對它的期待，提供了嶄新的愉悅來源和智性刺激。

唯有「可以完美進行野餐的日子」能夠滿足野餐者所追求的理想。春天或夏天會比較好，但任何季節都可以野餐。比起室內，他們較偏好戶外——在陸地或海上，後院或公園，沙灘或屋頂，哪裡都行——只要是找得到的，能夠鋪上毯子、擺上桌椅的空間都行。溫和如夏的日子堪稱完美的一天：有減緩熱度的徐徐微風，樹葉的沙沙聲響，散落雲朵的清朗天空。就在溪邊或近水處，野餐毯被置放在寬大樹蔭下的草地上。小鳥叫著；微風吹動樹葉。不可置信地，完美野餐經常發生，全然可以期待——反之，下雨、寒冷或螞蟻則會令人卻步……

品味事典 23

一起野餐吧！：從貴族的時髦消遣到草地上的全民派對

作　　者	沃爾特・李維（Walter Levy）
譯　　者	陳品秀
主　　編	林芳如
責任編輯	劉　璞
執行企劃	廖婉婷
美術設計	杜　寬
內頁排版	楊珮琪
總編輯	曾文娟
董事長 總經理	趙政岷
出版者	時報文化出版企業股份有限公司
	10803 台北市和平西路三段二四〇號七樓
	發行專線（〇二）二三〇六六八四二
	讀者服務專線 〇八〇〇二三一七〇五
	（〇二）二三〇四七一〇三
	讀者服務傳真（〇二）二三〇四六八五八
	郵撥　一九三四四七二四時報文化出版公司
	信箱　台北郵政七九～九九信箱
時報悅讀	www.readingtimes.com.tw
電子信箱	ctliving@readingtimes.com.tw
法律顧問	理律法律事務所 陳長文律師、李念祖律師
印　　刷	勁達印刷有限公司
初版一刷	2017 年 2 月 10 日
定　　價	新台幣二八〇元

（缺頁或破損的書，請寄回更換）

ISBN 978-957-13-6896-2
Printed in Taiwan

時報文化出版公司成立於一九七五年，
並於一九九九年股票上櫃公開發行，於二〇〇八年脫離中時集團
非屬旺中，以「尊重智慧與創意的文化事業」為信念。

國家圖書館出版品預行編目（CIP）資料

一起野餐吧！：從貴族的時髦消遣到草地上的全民派對
/ 沃爾特．李維 (Walter Levy) 著；陳品秀譯 .－ 初版 .－ 臺北
市：時報文化 , 2017.02
　　面；　公分 .－（品味事典）
譯自：The picnic : a history
ISBN 978-957-13-6896-2(平裝)

1. 飲食風俗 2. 生活史

538.7　　　　　　　　　　　　　　　106000603